関東の古代遺跡逍遥

村田文夫
Murata Fumio

六一書房

関東の古代遺跡逍遥

目　次

第１章　定説化した７回拡張住居跡を再検証する……………… 1
　　　　──埼玉県上福岡遺跡の縄文前期 D 地点住居跡──

第２章　初山遺跡の縄文中期ムラと柄鏡形住居址の語り……… 12
　　　　──神奈川県川崎市初山遺跡の西方域遺構群──

第３章　縄文ムラの広場に建つ柄鏡形敷石遺構を復元する…… 24
　　　　──東京都八王子市小田野遺跡の SI08・SI10 遺構──

第４章　五平(状)柱を主柱穴に据えた弥生期の竪穴住居跡…… 43
　　　　──弥生中・後期における調査・研究の現状──

第５章　古墳研究をめぐる定点考・三題……………………… 74

第６章　横穴墓に描かれた線刻画を絵解きする………………… 92
　　　　──早野・西谷戸・王神寺白山の三横穴墓に挑む──

第７章　多摩川下流域における古代律令期の生業基盤を想う…133
　　　　──福島県磐城郡白田郷に関する御高論にふれて──

第８章　まぼろしの大井駅家をめざして小高駅家を出立する…155

あとがき　──宴のあとのひとり旅──……………………………173

第1章　定説化した7回拡張住居跡を再検証する
―――埼玉県上福岡遺跡の縄文前期 D 地点住居跡―――

はじめに

　歴史学の世界では，厳正な解釈を求めて史料批判が繰り返されるのは常である。もちろん，考古学の分野でも例外ではない。あわせて，研究史が意味する重要性は贅言するまでもないことである。ところが，現実的には先行研究の"定説"なるものの原典にあたらず孫引きによって考察を展開する，あるいは先行研究の成果・意味を十分確認せずに誤って咀嚼をしたまま，あたかも自説が新展開であるかのような記述をして，汗顔・自省した経験がわたしにはある。

　その逆で原資料の厳正な分析から，新たな展開が拓けることがある。たとえば，著名な千葉県市川市の姥山貝塚遺跡の接続溝第1号住居跡（中期中葉）から発掘された成人男性2人・成人女性2人・子供1人の解釈をめぐっては，"定説的"であった病死による同時5人死亡説は見直しされて，1号女性（20～29歳）は整然とした屈葬位とみなし，ほかの4遺体と区分して分析する（佐々木1986），あるいは遺物の遺存状況や覆土堆積の記述から，遺体の遺棄後に第三者による作為があったと推測する分析（土井1995），最新では夫婦の同時死亡を契機にした子供を含む4人の同時埋葬とする分析（堀越2006）などがある。このような史料批判――ここでは研究史的に定説化された説という意味で「史料」を用いる――には，学ぶべき点が多い。

　もう一例，本論と関連づけて紹介するならば，埼玉県岩槻市の真福寺貝塚遺跡から発掘された縄文晩期の第1号竪穴住居跡は，一辺10m・面積100㎡の巨大住居跡として人口に膾炙されてきたが，その後，塚田光は公表された実測図を再検証して，一辺約7m・面積約50㎡のほぼ同じ規模の二つの住居跡が重複していたものと分析されたのは周知のとおりである（塚田

1959)。そこで本論は，おくればせながら真福寺貝塚遺跡における塚田の分析に学びをおぼえて，これまた著名な埼玉県ふじみ野市（旧・入間郡福岡村）に所在した上福岡遺跡のD地点竪穴住居跡の評価，とりわけ7回拡張説の妥当性などを再検証してみようと思う。

1. 上福岡遺跡のプロフィールと提起された問題点

　上福岡遺跡は，工場構内の土取工事によって貝殻・土器・石器などが発見され，その報告を受けた山内清男の現地踏査によって，縄文前期黒浜期が主体の集落跡であることが判明した。確認された地点はA～Oまでの15地点があり，うちC・D・F・G・I・J・K・M地点が昭和12年5月～7月までの15日間をかけて発掘調査された。各地点からは竪穴住居跡が発掘されており，他の7地点とあわせて復元すると，新河岸川沿いに4地点が列状に，少し新河岸川より奥まった地域に11地点が円環状に位置していたことになる。遺跡全般と遺物は山内清男が担当し，竪穴住居跡の発掘は，建築史家・関野克が担当したとあるが，結局，山内による事実報告はなされず，関野の竪穴住居跡の報告だけが『人類学雑誌』第53巻第8号（昭和13年8月）に「埼玉県福岡村縄文前期住居址と竪穴住居の系統に就いて」と題して報告されたのである（関野1938，以下，関野報告）。

　関野報告は多くの問題を提起した。とくにD地点竪穴住居跡（縄文前期で関山式より黒浜式に近い時期に相当する）は，7回にわたる［拡張］住居跡であるとし，［重複］住居跡との違いを定義するとともに，当初の面積16.1 m^{2}と比較して最終的な面積は37.6 m^{2}であり，約2.3倍も面積が拡張した背景には，家庭（族）人員が5人から12人へ，つまり7人も増えたと説かれた（第1図左・下段）。この7人増の計数的な根拠には，37.6 m^2（最終面積）-16.1 m^2（当初面積）$=21.5$ m^{2}を，後記する一人あたりの坐臥所要面積3 m^{2}で割ると，約7人であるという点を論拠にしたものであった。あわせて関野報告では，大きな竪穴住居跡も石器を道具にして掘るということを前提に，廃屋になった竪穴住居跡を承知で利用したのが拡張住居（遺跡）であり，一方，棄てられた竪穴住居跡の存在を知らずに再び竪穴住居跡を掘ったのが，

重複住居（遺跡）になると定義された。

　また竪穴住居跡面積から居住人数を推測する著名な公式【n 人＝A／3−1】（A は竪穴平面の面積）を説明するなかで、「1 人当り 3 m^2 は理論的に考えても住居内にあって 1 人の人が横臥した姿勢で手を上方及び左右に伸ばした範囲を示している。即ち人の手を上げた長さは足から大約 2 m であり、手を左右に開いた間隔は大約 1.5 m で、1.5×2 m の矩形は丁度 3 m^2 になるからである」とされた。その一方、姥山貝塚遺跡から発掘された前掲の 5 遺体発掘の竪穴住居跡については、「（当該竪穴住居跡の）全面積 12.2 m^2 を 5（人）で割った 2.44 m^2 が 1 人当りの面積になろう。従って（姥山の例は）家族全體の遺骸とした假定が誤っているのか又は特殊な例としなければならない。従って姥山の例は實例とはなし難いのである」（（　）内は加筆）とも記している。

　関野報告にある姥山貝塚遺跡例を、家族全体の一括遺骸と仮定することの適否については、現在では疑義が生じていることはすでにふれた。つぎに人間 1 人あたりの坐臥所要面積 3 m^2 が、姥山の 5 遺骸例を基準に竪穴面積から逆算されたものでないことも関野報告から確認できる。その 3 m^2 説も関野がいうほど"理論的"とも思えない「手足を伸ばした 1.5×2 m の矩形は丁度 3 m^2」によっていたのである。この三つの知見は、しっかりと確認をしておきたいと思う。ちなみに小林行雄の名著『日本考古学概説』（昭和 36 年版）の記述も、姥山貝塚遺跡の 5 遺体例と上福岡遺跡 D 地点竪穴住居跡の拡張痕跡との関係を整合的に付会できるような要旨に解釈でき、その後の研究に大きな影響をあたえた点は否定できなかろう。

　ここで小括の三点を踏まえても「おなじ集落、同時期の住居を検討するかぎり、住居床面積の大小は居住人員の大小を反映しているものと考える」（林 1981）という指摘自体はさほど違和感はない。しかしながら、人口に膾炙されてきた 1 人あたりの坐臥所要面積 3 m^2 説の適否は、一つ竪穴住居跡で生活を同じくした者が確実に、しかも同時に横死した状態の人数、ないしは埋葬された状態の人数として客観的に論証されないかぎり、論理的には成立しがたい。畢竟、循環論におちいることは避けられないのである。

2. 上福岡遺跡 D 地点竪穴住居跡の拡張痕跡の検証

　D 地点竪穴住居跡は，つぎの問題に発展する。ふれてきたように坐臥所要面積 3 m² 説への科学性が揺らいでくると，肝心の 7 回にわたる拡張説も検証しなおしてみる必要がある。この点に関してわたしは，『人類学雑誌』誌上に発表されている図面から，関野による復原案（以下，関野復原案）とは異なる復原案も可能ではないか，との卑見を記した（村田 1998，以下，村田復原案（第 1 図右））[1]。ただしその際は，紙幅の関係で説明不足になっていたので，本論でもう少し具体的に検証の内実を述べておきたい。

　まず，関東地方の縄文前期の前・中葉期の竪穴住居跡の平面形は，長方形・矩形が主流であることは周知のとおり。また"拡張住居跡"の場合は，長軸（桁方向）・短軸（梁方向）の両方向に延びる上福岡遺跡 C 地点竪穴住居跡のような事例は稀で，ほとんどの事例数は妻側の一面，すなわち梁間を壊

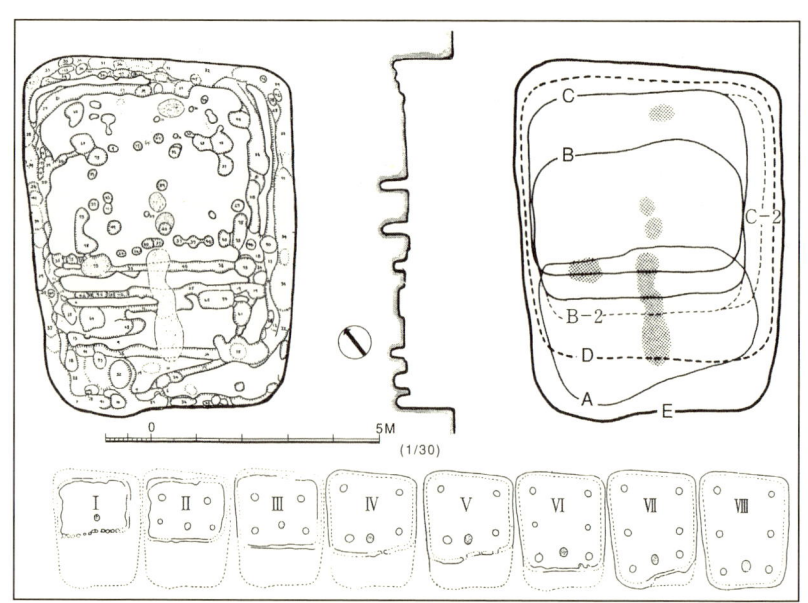

第 1 図　上福岡遺跡 D 地点竪穴住居跡の拡張復原案
左・下：関野復原案　右：村田復原案

して桁間である平側に広く拡張していく。これは屋根を延ばして拡張する場合，棟木を継ぎ足す工事の方が明らかに容易だからである。

主題のD地点竪穴住居跡について関野報告では，面積37.6m²で最大規模であること，床上の短径（短軸）に平行に走る溝と多数の柱穴が穿たれていること，よって拡張のもっともいちじるしい事例であること，拡張の証拠は長軸上に長く連なる炉跡をみればわかること，などと記している。これらを踏まえたうえで，「私（関野・筆者註）の考えでは7回の擴張を行ったもので，最初は四方に，次ぎに殆ど毎回南方に向けて擴張されたことを知るのである」とされた（第1図下段）。

わたしは関野復原案のどこに再検証の必要性を感じたか，ということであるが，まず関野復原案第Ⅰ段階の南側壁面のラインは，対応する北側壁面に

第1表　上福岡遺跡D地点竪穴住居跡主要部計測値

関野復原案　　　　　　　　　　　　　　　　　　　　　　　　　　　　（関野1938から抄録）

呼称分類	主軸径	主軸に直角なる径	面積	主柱	壁柱	溝	伴出土器
1（Ⅰ）	3.5m	5.0m	16.1m²	—	12（南辺）	南辺を除く	黒浜式に近いもの
2（Ⅱ）	4.2	5.6	20.0	4本	—	4周	〃
3（Ⅲ）	4.0	5.8	24.4	〃	—	〃	〃
4（Ⅳ）	5.6	6.0	27.9	〃	—	〃	〃
5（Ⅴ）	5.7	6.0	28.9	〃	—	〃	〃
6（Ⅵ）	6.5	6.0	32.8	(6)	—	〃	〃
7（Ⅶ）	7.6	6.0	36.2	〃	—	〃	〃
8（Ⅷ）	7.5	6.0	37.6	〃	—	〃	〃

村田復原案

呼称分類	長軸径	短軸径	面積	主柱穴	壁柱穴	周溝	時期
A段階	4.7m	3.0m	14.1m²	—	北辺側（他の3辺にもあったか）	南辺？	関山式
B	4.4	3.1	13.9	—	〃	南辺	〃
C-1	4.8	3.9	18.8	4本？	—	4辺一周	黒浜式
C-2	4.8	4.5	21.4	4	—	〃	〃
C-3	5.6	4.8	26.8	6？	—	〃	〃
D	6.1	5.1	30.9	6	—	〃	〃
E	7.3	5.7	41.3	〃	—	〃	〃

（注）村田復原案の居住面積は，デジタルプランメーターで3回計測し，平均値をとったもの。

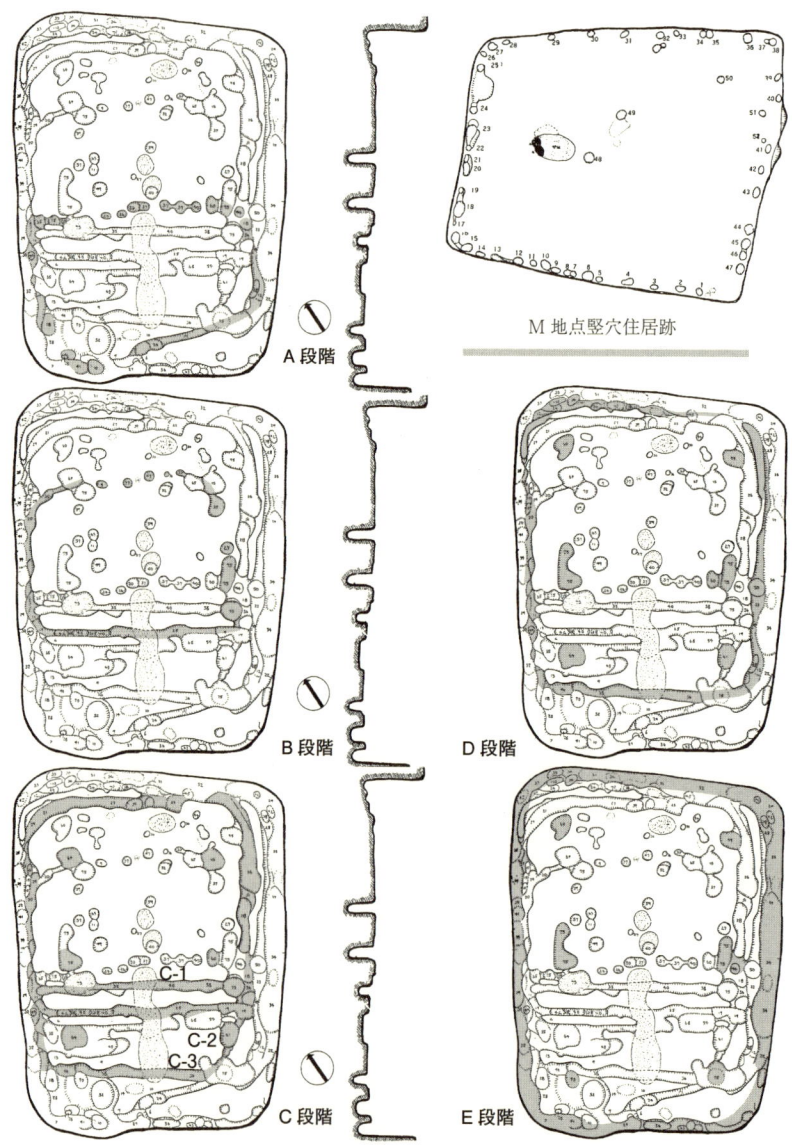

第2図　上福岡遺跡D地点竪穴住居跡（村田復原案）
（アミ部分が各段階の形状に一致する）
A～E段階　右上：上福岡遺跡M地点竪穴住居跡〈関山式期〉

むけて凸状に弧線を描いており，またこの一辺だけが，壁柱穴列であるのも不自然である，との疑問から発した。さらに床面の短径にのこされた溝と列状に並ぶ小柱穴をたどると，前期前葉から中葉に普遍的な矩形形状の住居平面形として十分に完結しているものと判断された。

　そのような視点を踏まえて発表された図面を，わたしなりに整理してみた（第2図）。まず平面形が矩形を呈する小型住居のA段階があり，つぎにほぼ相似形を呈するB段階を北側に一部重複して復原してみた。A・B段階の竪穴住居跡と相似する平面形は，上福岡遺跡のM地点竪穴住居跡（前期関山式・第2図右上段）で確認ができるので，その蓋然性は高かろう。ただしM地点のそれは壁柱穴のみであって，周溝が掘られていない点では設計仕様が異なる。C段階になるといちじるしく居住面積は拡張し，住居の主軸もA・B段階の東西軸から南北軸に90度切り替わり，また主柱穴の本数も，4本ないしは6本となり，穿つ位置も固定化する。さらにD段階になると，平面形は前期中葉ではきわめて普遍的な［長方形・6本の主柱穴・周溝有］の類型となる。その特徴はE段階にも継承される。こうして最大の面積にして，堅牢な構造の竪穴住居跡が復原できるのである。

　つぎに関野復原案と村田復原案を比較してみよう。

　(1) 村田復原案のA・B段階は，関野復原案ではまったく想定されていない。一方，関野復原案の第Ⅷ段階と，村田復原案のE段階は当然対応している。この間隙を埋める関野第Ⅲ～Ⅶ段階と，村田C・D・E段階の対応関係であるが，長軸東側壁・周溝位置の復原などでは両案は決して対応していない。村田復原案でもっとも微妙なのは，C段階における復原案である。図面上からは，小面積から大面積にむけて3つの小段階（C-1・2・3段階）があった可能性を想定してみたが，さらに検討の余地がのこされているかも知れない。

　(2) 関野復原案では，第Ⅰ段階から第Ⅷ段階にむけて南側へ一方向的に拡張したとみている。一方，村田復原案はA・B段階とC段階以降とでは，主軸が東西主軸から南北主軸に90度切りかわるとともに，明確な主柱穴を穿つなど設計仕様的には大きく転換していることがわかる。

(3) かつてわたしは，関東地方の縄文前期竪穴住居跡を平面形・主柱穴・壁柱穴・周溝などを指標にA～I型に分類し，かつそれらの形状を地域的・時期的にわけて推移を考察した（村田1967）。そこでは上福岡遺跡は，古東京湾右岸地域（ⅢA地域）に属し，D地点竪穴住居跡は長方形，周溝有，4・6本柱を指標とするD型（黒浜式）とした。それは関野復原案の第Ⅴ段階以降の形状にもとづいていた。しかし村田復原案を提示した現段階では，先行してA段階に壁柱穴のみで無主柱穴のA型，ついでB段階にはA型に含めることも可能であるが，周溝を重視すれば，かつてのわたしの分類では存在してなかった新類型の住居型が存在していたことになる[2]。

＊　　　　　＊

　公表された実測図からの復原案であるため，おのずと限界はあるが，仮に村田復原案にもある程度の蓋然性が認められるならば，それは定説化した関野復原案の見直しと同義となる。とりわけB段階からC段階への変化は劇的であって，C－3段階以降E段階までへの推移が暫移的であることと明らかに峻別されなければならない。

　これらを整理してみると，おそらくA段階からB段階へは時間的な脈絡性は想定しがたく，結果的に「重複」したものであろう。C→D→E段階への推移は，先行する旧住居をリサイクルしながら意図的に「拡張」したものであり，そこには東側壁の一辺の壁面を削って整える，いわゆる「修整」的な仕様も確認できる。各段階の時期については，住居型から判断すればA・B段階は関山式，C→D→E段階は黒浜式にほぼ相当する。つまりB段階とC段階との間には，前記(2)にあげた理由などから，廃棄した竪穴住居跡が埋没し，地表面が擂鉢状に窪地化する程度の期間が想定できるので，直截的には脈絡していなかろう[3]。したがって関野報告にある，出土土器は関山式より黒浜式に近いという指摘は，後段のC→D→E段階のそれを指している可能性がある。

　こうして関野復原案では，D地点竪穴住居跡は7回拡張した1軒の住居遺構ということであったが，村田復原案ではA段階で1軒，B段階で1軒，C→D→E段階へ「拡張」する1軒の合計3軒がカウントでき，時期的に

はA・B段階は関山式，C→D→E段階は黒浜式とするのが結論である。各段階の住居規模・面積などは，第1表の下段に掲げた。ちなみに後段のC段階からE段階にいたる拡張面積は，C-1→C-2で2.6㎡，C-2→C-3で5.4㎡，C-3→Dで4.1㎡，D→Eで10.4㎡である。これは関野復原案の毎回3㎡前後で7回，居住面積では16.1㎡→37.6㎡へ約2.3倍増したとする説とは，あきらかに異なるもう一つの考古学的な結論である。

結びにあたって

　本論では，今から70年も前の昭和12年の発掘調査で，翌年，住居跡関係の図面が公表された著名な上福岡遺跡D地点竪穴住居跡をとりあげた。図面だけを頼りに再検証に挑戦し，ささやかな私案を提示してみた。この私案も識者の目に留まれば，またきびしく批判されようが，なかなか真相は見えてこないであろう。それは関野報告には，遺構自体に対する十分な観察記録が遺されていないからである。でもわれわれは，先人の事績を一方的に批判できない。たしかに現在では，住まいのライフサイクル論や自然科学分野との提携になかで詳細な記録化が一部ではなされている。しかし，幾つかの調査報告書類を拝読するかぎり，そうした情報・技術や問題意識などが，第一線の現場レベルで十分共有されているとは思えないからである。

　われわれは何十年もかけて積み上げられてきた先人の業績から貴重な学びはできても，個々の事象をとらえて軽々に批判すべきではなかろう。むしろ，発掘調査・研究条件に恵まれている現在のわれわれこそが，先人が遺してくれた膨大かつ貴重な学問上の遺産を咀嚼して，新しい歴史像がどのように構築できるか，懸命な努力を傾注すべきなのである。本論を執筆した意図もこうした問題意識からおこした。劈頭，それを史料批判という言葉に置きかえさせていただいた。

註

1) 村田文夫1998では，B段階で2細分（B-1・2），C段階で2細分（C-1・2）となっているが，今回検証したところB段階は1回，C段階で3細分（C-1・2・3）の方がより妥当であろうと判断した。修正を諒とされたい。

2) この類型は，今回の再検証によって浮上してきたが，新たに蓄積された資料から新類型が確認されるのは当然である。しかし，今そのことを具体的に論じる必要はなかろう。
3) 竪穴住居が埋没するまでの時間（年数）をどのように推量するかは容易ではない。たとえば，桐原 健によると，復原家屋が 25 年経過した時，柱の 1 本が根元から完全に腐朽し宙に浮いていたが，緊縛結合した梁・桁によって当面倒壊する気配はなかったという。ただ地面に接する裾部の破損はひどく，壁下にいわゆる「三角堆土」が形成されていたという。またほぼ同じ時間を経過しても，上屋根を架けずに放置された竪穴では埋没が進行し，地表面に擂鉢状の窪地ができるという。きわめて重要な観察所見である。

これはムラを離れる時に，家・家財道具などを全て放置したのか，主たる屋根素材や柱材・炉石材などを搬出したかのによって，その後の状況が大きく左右されるということである。その意味で，住居内覆土のみならず柱穴内覆土の観察，とりわけ柱痕の有無の観察は重要である。

桐原　健 1976「土器が投棄された廃屋の性格」『考古学ジャーナル』第 127 号

引用文献

佐々木藤雄 1986「縄文時代の家族構成とその性格」『異貌』第 12 号
関野　克 1938「埼玉県福岡村縄文前期住居址と竪穴住居の系統に就いて」『人類学雑誌』第 53 巻第 8 号
塚田　光 1959「真福寺の巨大な住居址の再検討」『考古学手帳』No.8
土井義夫 1995「再審請求をしたのは姥山人だけではない」『論集・宇津木台』1
堀越正行 2006「姥山の五人 ― 住居床面葬の検討 ―」『考古論文集』茅野市尖石縄文考古館
村田文夫 1967「関東地方における縄文前期の竪穴住居について」『考古学雑誌』第 53 巻第 3 号
村田文夫 1998「竪穴住居址」『縄文時代』第 10 号

その後の見聞録

本論を発表してしばらく後に，わたしは「はじめに」でふれたように，大

いに汗顔・自省する羽目におちいった。じつは上福岡遺跡の D 地点竪穴住居跡に関する貴重な先行論文を見落としていたのである。笹森健一 1996「上福岡構内遺跡発見における拡張住居について」(『土曜考古』第 20 号, 土曜考古学研究会) がそれである。まず笹森健一氏には, 心よりお詫びを申し上げる次第である。

　笹森の所論は, 彼の一連の縄文前期住居跡研究の流れのなかで分析されたもので, 問題の D 地点竪穴住居跡は, 黒浜期中葉の矩形・6 本主柱穴の住居跡と, 黒浜期末期の方形・4 本主柱穴の住居跡が重複したものと考察された。本論とは建て替えの回数や建築時期などでだいぶ見解を異にしている。この相違をどのように判断するかは読者に任せるが, わたしが非常に興味を覚えたのは, 竪穴住居跡を実測された建築史の大家・関野克博士を訪ねて直接調査当時の経過を聞き取りされている点である。それによると, 本論でふれたように調査指導は山内清男で, 発掘は桑山龍進や江坂輝弥などによってなされた。関野が現地を訪れた時には調査は終了しており, 建築家らしく遣り方で測量と写真を担当したという。

　ちなみに D 地点住居跡の南側には, 長さ 2.5 m× 幅 70 cm ほどの長大な焼土跡 (連続的な炉跡か) が発掘されているが, 関野が測量のため訪れた時には, すでに焼土は除去されていたであろう, という指摘もある。本論では, A〜E 段階における住居跡の輪郭はたどれたが, これに対応する炉跡が明確に指摘できず, ひそかに長大な焼土跡の解釈に頭を捻っていた。が, 発掘調査から実測図化されるまでの経緯を知ると, 長大な焼土跡の存在を最終的・同時的な発掘所見として鵜呑みにすることはできないことになる。その意味からも, D 地点住居跡の拡張痕跡などの復元案については, さらに検証をつづける必要があろう。

第2章　初山遺跡の縄文中期ムラと柄鏡形住居址の語り
―― 神奈川県川崎市初山遺跡の西方域遺構群 ――

はじめに

　初山遺跡（神奈川県川崎市宮前区南平台13-1）については，特別の想い入れがある。

　昭和40年4月から川崎市に奉職したわたしは，教育委員会社会教育課に配属され，文化財保護の仕事を担当することになった。その年の夏休み，市立橘高校社会科クラブ生徒などの協力を得て発掘調査したのが，初山遺跡であった（第1次調査）。縄文中期の竪穴住居址2軒を発掘し，翌年の夏季にも発掘調査を継続した（第2次調査）。第1・2次調査の担当は，古江亮仁（当時社会教育課文化財係長）・伊東秀吉（当時橘高校教諭）・渡辺誠（当時慶応義塾大学大学院生）であった。わたしもスコップをもって遺跡の現場に立った。

　その後同地が，市立白幡台小学校の用地として本格的に開発されることになり，事前の発掘調査を渡辺が受託された（第3次調査）。調査は昭和45年4月で，そのころのわたしは開発事業と調整する行政業務に専念しており，遺跡に立ってスコップをふるうことはなかった。

　第1〜3次にわたる発掘調査で，調査区東側から中期中葉〜後半の竪穴住居址18軒が発掘された。調査区西側からは，西1・2・3号遺構が発掘された（第1図上・下）。1号は小形の柄鏡形住居址でまだ類例は少なく，逆に西2・3号は大形の竪穴状遺構であった。

　第3次にわたる調査成果を総括した縄文中期集落址の概報は，渡辺によって昭和46年に公にされ，ほぼ一集落跡が完掘された事例としてひろく人口に膾炙されてきたが，正式な調査報告書は刊行できなかった。その理由は幾つかある。まず昭和40・50年代は，開発ラッシュで行政側に対応する余裕がなかった。さらに調査に参加した大学生諸君も，その後各地で職を得て，

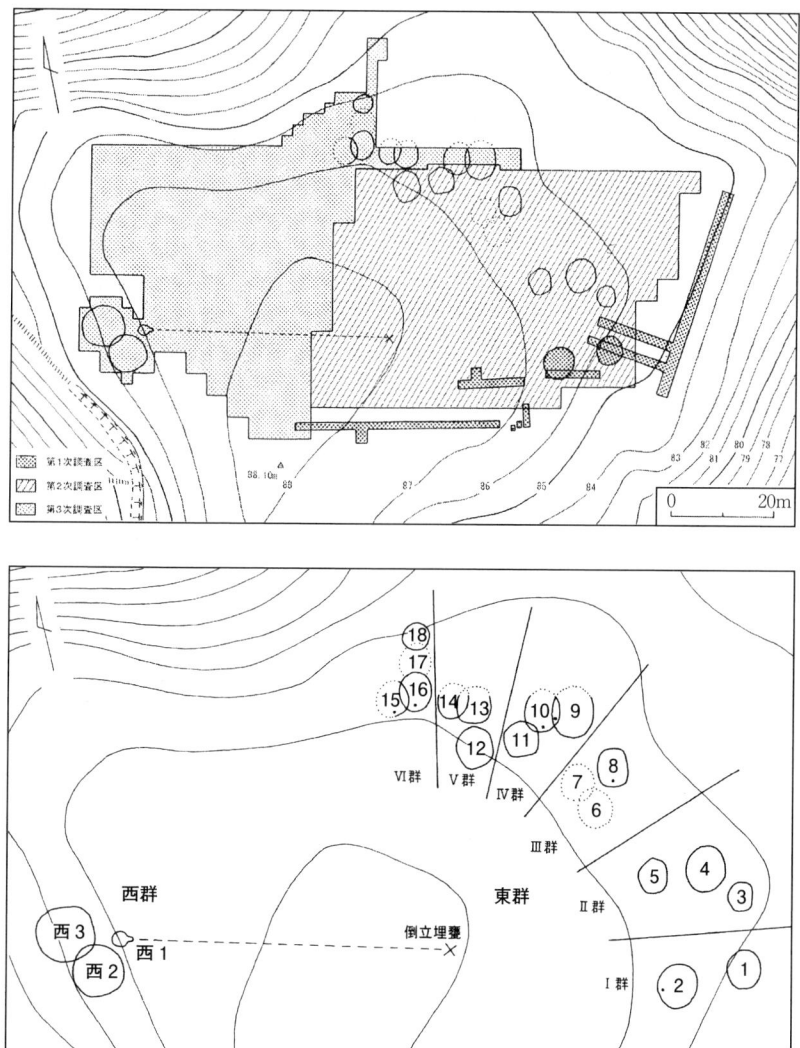

第1図　初山遺跡の年次別調査区（上），遺構全体図（下）

多忙な日々を送られていた。しかし渡辺は，報告書の刊行を常に念頭に置かれ，自らの職場がかわっても遺物類や調査記録類は常に帯同されていた。そして発掘調査が終了してから37年を経過した平成19年3月，ようやく正式な調査報告書を刊行することができた（渡辺誠編『川崎市宮前区初山遺跡発掘調査報告書』，川崎市教育委員会）。

このように調査終了時から非常にながいブランクがあったが，行政側がその刊行の意義を認め，予算的な措置を講じて頂けたことに深く感謝申しあげる次第である。

本論では，第3次調査で発掘された西側調査区から発掘された西1・2・3号遺構，とりわけ西1号柄鏡形住居址の周辺を検証する。ちなみにこの遺構群との出会いは，わたしの柄鏡形住居址研究の原点であった（村田1975）。

まず順序として，初山遺跡の全体像を紹介する必要があるが，渡辺誠が執筆した報告書（第4章・まとめ，第1節・集落の構成）に総括されている。ご了解を得たので，それをそのまま引用させていただく。

1. 初山遺跡の集落構成

初山遺跡から発掘された各住居址群の構造については，すでに昭和46年刊行の概報において指摘されている。それは「各群とも勝坂Ⅱ式期から加曽利EⅡ式の住居址が自己完結し」ており，「6軒で始まり6軒で終わる」というものであった。本報告においても，細部は若干の相違があるものの，ほぼ同様の構造が確認できた。各時期帰属の住居址を記せば以下のとおりである（第1図下）。

勝坂3式期：第1・3・7・14・18号住居址。Ⅳ群については土取工事によって消滅した疑いが強い。

加曽利EⅠ式期：第2・5・6・11・12・15・西2号住居址。

加曽利EⅡ式期：第2・4・8・10→9？・13・15→16→17・西2？→西3号住居址

加曽利EⅢ式期：第8・9・西3号住居址，広場中央埋甕。

加曽利EⅣ式期：西1号住居址。

第2章 初山遺跡の縄文中期ムラと柄鏡形住居址の語り

　各群内では勝坂3式期の住居址が外側にあり，加曽利ＥⅠ式期で内側に入り，同Ⅱ式期で中間にもどるという変遷をたどる。

　勝坂3式期の住居址のうち第1・3号住居址（Ⅰ・Ⅱ群）は周溝を持ち，炉は地床炉であるのに対し，第7・14・18号住居址（Ⅲ～Ⅵ群）は周溝がなく，炉は土器埋設炉である。第18号住居址（Ⅵ群）のみ阿玉台式土器が用いられている。加曽利ＥⅠ式期の住居址のうち第5・11・12号住居址は平面プランが五角形であり，炉址が確認できた住居址はすべて土器埋設炉であるが，第5号住居址（Ⅱ群）のみ周溝をもたない。同ＥⅡ式期の住居址のうち第8・10・13・16号住居址（Ⅲ～Ⅵ群）は平面プランが隅丸方形であり，面積もほぼ同規模である。また炉址が確認できた住居址はすべて石囲炉であり，

第2図　初山遺跡の集落景観復元想定図

削平が著しかった第4・13号住居址を除けば、すべての住居址において、中央広場に面した入口部に埋甕がみられる。その他に第2・16号住居址（Ⅰ・Ⅵ群）においては床面倒立深鉢の出土がみられ、貼床の技法は第16・17号住居址（Ⅵ群）にのみみられる。

以上のように西群をのぞいた第Ⅰ～Ⅵ群住居址においては、時期ごとの規制と群ごとの個性を有しつつ、集落を構成していたことがうかがわれる。

そしてそれらを地形との関連でみれば、一層興味深い状況がある。本遺跡の立地する丘陵は、海抜85～88mの円形の平坦地である。そして北側のみ緩やかに傾斜しているが、東西は傾斜がやや強い。そして南部は東西から谷が迫って尾根状となり、親丘陵との入口になっている。ここから初山集落に入ってくると、広場の東奥には6群の住居群が入口をこちらに向けて展開している。また西群がこの入口を管理するかのように、位置している（第2図）。

これらは半円状であるが、その広場の中央には埋甕が埋設されていて、本来水野正好氏のいう環状集落を意識していたことを示している（水野1969）。しかしこれらの実体を見ず、環状になっていないから発掘が不完全だという誤解もある（丹羽1978）。環状は基本であるが、実際には個々の集落の置かれている環境に支配されているのであって、そこにこそ縄文人の息吹が感じられるのである。

2. 柄鏡形住居址の意義

初山遺跡の西方域から発掘調査された西1号柄鏡形住居址、および隣接して発掘された西2・3号竪穴遺構との関連性も考慮に入れながら、本遺跡におけるその存在意義について考えてみたい。

(1) **遺構史的にみた特質**

はじめに、本遺跡から発掘された西1号柄鏡形住居址の特徴について要約しておこう（第3図右・写真1）。主体部は石囲炉を中心に半径約1.5mの正円が描ける典型的な"円形プラン"であり、その主体部の東方に長さ約1.4m・幅約1.2mの"柄部"が付く。構築された時期は、主体部と柄部の連結部から発掘された埋甕から、中期末の加曽利EⅣ式期である。

第 2 章 初山遺跡の縄文中期ムラと柄鏡形住居址の語り 17

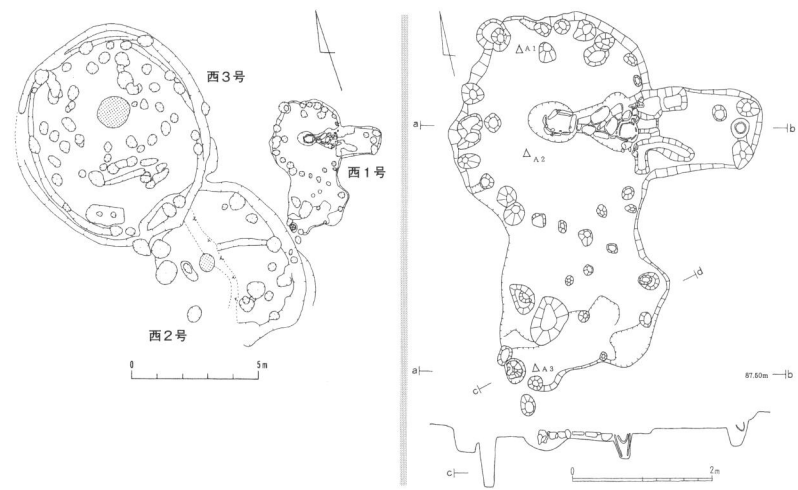

第 3 図　初山遺跡の西群全体図　　　　同群 1 号柄鏡形住居址

写真 1　西群 1 号柄鏡形住居址

　わたしが昭和50年の時点で，まだ25遺跡31例をもとに柄鏡形住居址の特徴を展望したとき，柄鏡形住居址が出現する以前の竪穴住居址は長径が 4〜5 m 前後であるのに対し，柄鏡形住居址は 3〜4 m で，とりわけ 3 m 台

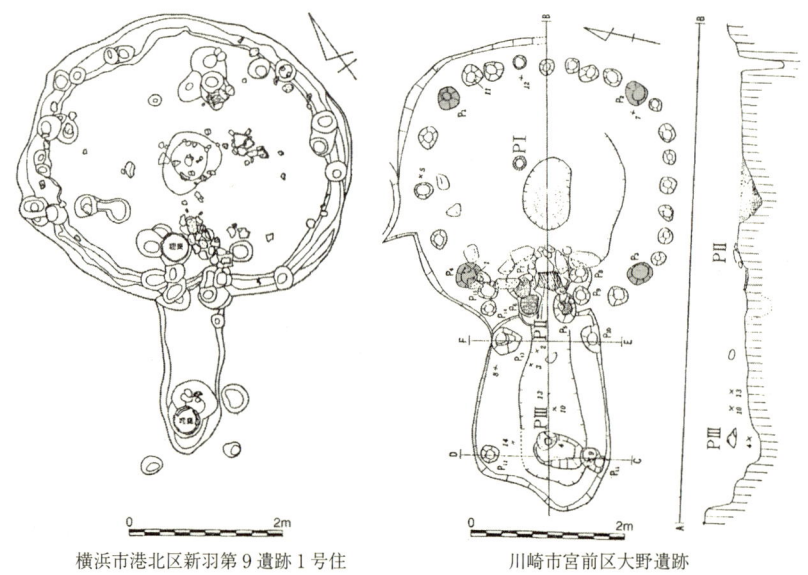

横浜市港北区新羽第9遺跡1号住　　　　川崎市宮前区大野遺跡

第4図　柄鏡形住居址の比較例

本遺跡の西1号柄鏡形住居址は、密なる壁柱穴内に主柱穴状の4本柱（アミ部分）が含まれる大野遺跡（櫛原のⅡ類・右）よりも、壁柱穴が疎である新羽第9遺跡1号住（同Ⅰ類・左）の平面形状に近い（山本2002、村田2006より改変）。

に集中する。つまり前代に較べると、あきらかに小形化していることを強調した（村田1975）。本遺跡の西1号柄鏡形住居址は、［柄鏡］に相応しい柄部と主体部の正円形に加えて、小形規模という特徴が見事に顕現している。ちなみに、［中期末の出現］・［前代と較べて小形化］・［正円形が主体の形状］、という三つの特徴は、事例が増えた現在でも基本的にはかわっていない。また［柄鏡］と呼ぶからには、円形の主体部に長い柄部が付くのがもう一つの指標となる。西1号柄鏡形住居址の場合には、柄部の長さは約1.4mである。柄部の全長が、主体部の長径の1/2以上を「長柄型」・1/2以下を「短柄型」としたわたしの分類に従えば、本遺跡例は微妙ながら「短柄型」になる。このように正円形化した竪穴の一方向に細長い柄部が付く住居型を、始めて「柄鏡形住居址」と呼称したのは桜井清彦で、昭和42年のことである（桜井1967）。研究史的に記憶されて然るべきこの事実が、近年では混乱・無

第2章 初山遺跡の縄文中期ムラと柄鏡形住居址の語り 19

視されていることがあるので、この際に改めて研究史的な意義を明確に指摘しておきたい（菅谷2004、本橋2006）。

初山遺跡西1号柄鏡形住居址および柄鏡形住居址の総対的な特徴はふれてきたとおりであるが、もうすこし仔細に遺構としての位置づけを検証してみたい。

まず本遺跡の西1号柄鏡形居址の主体部は、直径約3mの正円形で、遺構全体図（第1図）を眺めただけでも瞭然としているように、ひと際小形である。ただし、この規模の小なる柄鏡形住居址が、突発的に出現したわけではなさそうである。わたしは、縄文中期の一集落址がほぼ満足なまでに発掘調査された長野県茅野市の棚畑遺跡を分析した際、中期後葉Ⅲ期（曽利Ⅲ式期）における計測可能な住居址10軒の長径×短径の平均値が5.7×5.3m、つづく後葉Ⅳ期（曽利Ⅳ式期）の11軒では5.3×4.9mであること。住居址の平面形状も後葉Ⅲ期（曽利Ⅲ式期）では楕円・隅丸方形・不整形など多様であるのに対し、後葉Ⅴ期（曽利Ⅴ式期）の3軒は、住居址の形状が隅丸方形に統一化され、かつ直径も平均すると4.3×3.7mとなるなど、軒数が極端に減少する点と、住居址の規模が小形化し、平面形状が統一化される3点を指摘した（村田1992）。このうち、後葉Ⅳ期から後葉Ⅴ期にいたる間の軒数の激減は、近年、土器の一細別変化に要した絶対年数が測定され、加曽利EⅢ式期では80年、加曽利EⅣ式期では50年とされている。仮にこうした測定結果に信を置けば、激減ではなくて比較的に緩やかな減少であった可能性は否定できない。が、住居址の規模が著しく小形化し、統一化されるという事実だけは動かしがたい。柄鏡形住居址は、このように前代からの歴史的な脈絡と決して無関係に位置づけられる性質の遺構ではないのである。

柄鏡形住居址が特徴的な平面形状を確立するのは、本遺跡例のように加曽利EⅣ式期であるが、なお初現の形状を加曽利EⅢ式期後半頃に求めて現在も執拗な研究が続けられている。たとえば櫛原功一は、壁柱穴があってもその間隔は疎（まば）らで、主体部に主柱穴が4・5本穿たれたⅠ類、主体部は壁柱穴タイプであるが、壁柱穴内に4・5本の大きくて深い主柱穴的な存在を示す柱穴が含まれたⅡ類、同じ程度の壁柱穴のみが主体部を密に一周するⅢ類

に分ける。まずⅠ類が確実に神奈川県下の加曽利EⅢ後半～EⅣ式期前半に出現し，Ⅱ類の事例が埼玉県下などに地域を拡げて普及したのは，加曽利EⅣ式期後半で，Ⅲ類の普及もほぼ同時期とされた（櫛原1995）。

わたしも中期終末にむけて住居址形状が隅丸方形・4本主柱穴に統一化され，あわせて明瞭に小形化する特徴などを棚畑遺跡で確認しているので，櫛原の見解はおおむね穏当であると評価している。試みに，本遺跡の西1号柄鏡形住居址を櫛原の形状分類にあわせれば，壁柱穴が密に一周するⅡ類というよりも，壁柱穴の並びが疎らで，主柱穴形状の柱穴が穿たれたⅠ類に近い形状といえよう。近隣では横浜市新羽第9遺跡1号住居址に酷似する（第4図左）。ちなみに，わたしも発掘調査に関わった本遺跡に近い川崎市宮前区大野遺跡の柄鏡形住居址（第4図右）は，典型的なⅡ類タイプである。よって平面形状から時系列的に整理をすれば，本遺跡の西1号柄鏡形住居址は大野遺跡のそれよりも幾分古様に位置づくことになる。

なお，柄鏡形住居址の初現的な形状などを追跡する過程で，中部・関東地方における人間集団の動静とからめて大胆に推測する考えも散見する。たしかに個性的な遺構ではあるが，わたしはこの種の遺構の特定研究から，そこまで饒舌に歴史を語る勇気はもちあわせていない。むしろ次にふれるように，柄鏡形住居址を含む集落址総体に関わる動静とか，そこから導かれる集落址相互の比較検証こそが優先されよう。

3. 集落址史的にみた特質

本遺跡から発掘調査された柄鏡形住居址は，遺構史的な研究視点のほかに，集落址史的にみたときにも，大きな特質がある。

その一つは，本章1.で詳述されているように，本遺跡は中央の広場を挟んで，東方域には中期中葉から後半期―勝坂Ⅲ・加曽利EⅠ～Ⅲ式期―へと連綿と続いた竪穴住居址群が軽く弓状に分散・占拠する。これに対応するかのように西方域からは，西1号柄鏡形住居址と円形で大形規模の西2・3号竪穴遺構が一塊となって発掘されている。中央の広場を挟さんで，占有領域を異にする東・西の遺構群が対峙する集落景観は，本遺跡の最大の特徴で

ある。しかも東方域の竪穴住居址群は，埋甕の埋設位置から推測して，家の出入り口方向は西南～南にひらけた広場が強く意識されている。

　つぎに西2・3号竪穴遺構の時期は，加曾利EⅠ～Ⅲ式期であるから，東方域の竪穴住居址群とは時期的にも雁行(がんこう)する。ということは，集落南方の母丘陵に通じる尾根道から本遺跡に入ってくると，東・西域に建てられた複数の竪穴遺構がパノラマ風的な景観で視界に入ってくることになる（第2図）。それに対して西1号柄鏡形住居址のみ，埋甕などの形式表徴から判断すれば，本遺跡の最終末期に単基で存在していた可能性が考えられる。

　しかしながら，西1号柄鏡形住居址の主体部中央の石囲炉から，東方に取り付く柄部の中心を真っ直ぐに延長した広場の中央部には，単独で倒立した加曾利EⅢ式期の深鉢形土器がローム層中から発掘されている。この倒立した深鉢形土器は，ムラ内の各家の紐帯を強固に求心させた広場のど真ん中に据えられた象徴的な存在である。このように西1号柄鏡形住居址は，時期的には後出ではあるが，建築の設計仕様にあたっては，前段階までに展開していた生活舞台が確実に投影されていたと思われる。さらに西1号柄鏡形住居址が，東方域の竪穴住居址群中とか隣接地ではなく，西2・3号竪穴遺構が存在するエリアに構築された背景にも思いをめぐらす必要性がある。

　これらの所見から総合して，東方域の竪穴住居址群と比較してあきらかに大形の西2・3号竪穴遺構，極端に小形な西1号柄鏡形住居址は，本遺跡にそくして解釈するかぎり，日常的に坐臥飲食した痕跡を伝える遺構群とはいいがたい。たとえば西2・3号竪穴遺構は，東方域に占地する日常的な生活域から遠く離れて位置する点，また多勢の人が一堂に会せるだけの収容規模であることなどを考慮すれば，家族の単位を超えて集合できる集会所的な性格がもっとも相応しかろう。しかも勝坂Ⅱ式期ではなくて，加曾利EⅠ・Ⅱ式期に存在している点でもきわめて示唆に富む。勝坂Ⅱ式期に集落として定着が図られる一方で，それをさらに営為・継続していく過程で新たな社会的な装置が必要となり，その具体的な姿が西2号（加曾利EⅠ式期）と西3号（加曾利EⅡ・Ⅲ式期）として出現したのではなかろうか。遺構内での営為を具体的に推測する考古学上の資料はないが，想像を逞しくすれば定着化に

伴ってムラ内に各種のトラブルが発生し、膠着しはじめた社会的な紐帯を新たな規範で解きほぐし、再活性化させる目的なども含まれていよう。

極めて小形化した西1号柄鏡形住居址も、本遺跡にそくして解釈するかぎり、日常的な生活痕跡を伝える遺構とはいいがたい。その理由は、特異な機能性が推測される西方域の西2・3号竪穴遺構と同じエリアに位置する点、さらに直径約3mの主体部では、絶対空間としても狭隘すぎて日常的な坐臥飲食には不向きである。主体部・柄部の連結部と、柄部先端に埋甕を埋設しているのも、本遺跡では西1号柄鏡形住居址のみである。

その一方、時系列的な径庭（けいてい）は認められるが、西1号の建築の設計仕様にあたって、前段階までに展開した生活舞台が確実に意識されていた点はふれてきた。西3号（加曾利EⅢ式期）の廃絶から、西1号（加曾利EⅣ式期）が構築されるまでの時期差は容易に算定しかねるが、この両者の時間内に多勢の人が一時的な集合を必要とする大形で単基の施設から、一転して極端に限定された人のみが出入する空間を必要とする社会へと変質していたことになる。これは中期末にむけて住居形状が統一化し、小形化した潮流とも軌を同じくしている。しかもその居住空間への出入りには、頭（ず）を低くして、細くて長くて低い柄部をくぐらなければならなかった。

再び想像を逞しくすることが許されれば、それは少人数によってもっぱら秘密裡になされる、たとえばマタギ社会における若者の仲間入り儀礼のような年齢階梯的な執行空間なども考えられよう。しかも、単基で存在する狭隘な空間―西1号柄鏡形住居址―を必要とした人々が、かつて東方域で起居をともにしていた家族の後裔筋（こうえい）であった可能性は、柄部の延長線上の広場中央から発掘された加曾利EⅢ式期の倒立深鉢形土器の存在からも容易に推測できよう。

おわりに

わたしが「柄鏡形住居址」、山本暉久が「柄鏡形（敷石）住居址」の呼称にこだわるこの種の遺構研究には長い研究史があり、さまざまな議論が戦わされ現在にいたっていることは周知のとおりである。各人各様の主張は、山

本の著書『敷石住居址の研究』（2002），パネルディスカッションの資料『敷石住居の謎に迫る』（神奈川埋文1996），および拙書『縄文のムラと住まい』（村田2006）などに詳しいので繰り返さない。

　本論では遺跡報告書の本来の使命にしたがって，初山遺跡から発掘された事実に基づいて忠実に考えられる意義を語ってきた。結果的には，柄鏡形住居址を含む西方域から発掘された西1・2・3号住居址の特異な性格づけが際立った解釈になっている。これはわたしの柄鏡形住居址研究の原点であるから，回帰して然るべきであって，その後の考え方の軌跡は拙書の中でもふれているので参照していただければ幸いである。

引用文献

神奈川県埋蔵文化財センター　1996『パネルディスカッション・敷石住居の謎に迫る（資料集）』かながわ考古財団

櫛原功一　1995「柄鏡形住居址の柱穴配置」『帝京大学山梨文化財研究所報告』6．1〜40頁

桜井清彦　1967「縄文中期の集落跡―横浜市洋光台猿田遺跡―」『考古学ジャーナル』7　28頁

菅谷通保　2004「竪穴住居」『千葉県の歴史・資料編・考古』4　232-249頁

丹波佑一　1978「縄文時代中期における集落の空間構成と集団の諸関係」『史林』61-2　100-138頁

水野正好　1969「縄文時代集落復元への基礎的操作」『古代文化』21-3・4　1-21頁

村田文夫　1975「柄鏡形住居址考」『古代文化』第27巻第11号　1-33頁

村田文夫　1992「長野県棚畑遺跡縄文ムラの語り」『縄文時代』第3号　1-30頁

村田文夫　2006『縄文のムラと住まい』慶友社

本橋恵美子　2006「柄鏡形住居址の出現と環状集落の終焉」『縄文「ムラ」の考古学』131-161頁　雄山閣

山本暉久　2002『敷石住居址の研究』六一書房

渡辺　誠ほか　1965『川崎市初山天台遺跡調査概要』

渡辺　誠ほか　1971『川崎市初山遺跡第3次調査概報』

第3章　縄文ムラの広場に建つ柄鏡形敷石遺構を復元する
——東京都八王子市小田野遺跡の SI08・SI10 遺構——

はじめに

　本論でとりあげる小田野遺跡は，東京都八王子市に所在する縄文集落跡で，過去に3回にわたって発掘調査がなされてきた。平成21年6月には，調査を実施した吾妻考古学研究所から，第4・5次調査の成果が刊行された。調査報告書名は，『東京都八王子市小田野遺跡 —第4次・第5次発掘調査報告書—』で，㈶永寿会，㈲吾妻考古学研究所の連名で出され，総頁350頁余の大部なものである（以下，報告書）。

　第1次調査区は第4・5次調査区の東方約120mに位置し，縄文時代関係では中期末の柄鏡形住居跡1軒ほかが，第2次調査区は第4・5次調査区の南西約230mに位置し，中期中葉の竪穴住居跡3軒，集石土坑ほかが，第3次調査区は第4・5次調査区の東方約20mに位置し，中期後半の竪穴住居跡1軒のほか，中期後半～後期後半の土坑墓102基が発掘されていた。

　本来であるならば，既往の成果をふまえた小田野遺跡全般にわたる縄文集落論を語るべきであるが，紙幅にかぎりがあるので，あきらかに小田野遺跡の中心部に位置する第4・5次調査区の成果に焦点をあてて稿をおこした。小田野遺跡の第4・5次調査区からは，平安時代や中・近世の遺構・遺物も重複して発掘されているが，当然それらは分析の対象からのぞいた。

1. 発掘された成果の概要 —報告書は語る—

　まず，第4・5次調査区から得られた成果を報告書から語ってもらおう。
　第4次調査区は調査面積が 2,200 m²，その西方に隣接する第5次調査区は調査面積が 410 m² であって，この両調査区内より竪穴住居跡（敷石住居跡）5軒，竪穴状遺構3基，配石遺構11基，埋設土器遺構5基，土坑128

基，焼土跡32基，ピット群の集中2箇所，ピット73本，遺物の集中5箇所が発掘された。

調査面積からも明瞭なように，遺構・遺物は第4次調査区から主体的に発掘されている。報告書に記された遺構分類には，若干疑義を感じるものもあるが，それらについてはこれからの記述のなかでふれる。

本論をおこすにあたって，わたしは調査員の一人である渡辺昭一に直接面談し，発掘当時の現場状況を確認する機会を得ることができた。深く感謝申し上げたい。ただ，調査関係者が発掘された事実を客観的に記述しようと真摯に努力されるあまり，冗長となりすぎ第三者の理解を困難にしている箇所もある。そこでわたしなりの解釈を含ませて極力要約した。誤解が生じることをおそれるが，本論に関する責任はすべてわたしにある。

(1) **遺跡の全体像と造営時期など**

遺跡の造営時期については，中期終末～後期初頭と，後期前葉という二つのステージにわけられる。二つのステージを簡明に示した図が，報告書に掲載されている（第1図）。ただし後期初頭と後期前葉との間隙を，実年数ではどの程度なのか。その間に中期的な集落・社会が解体し，後期前葉に再編成したと流布されている一般論が，はたしてこの遺跡にあてはまるのか，などの課題は第1図から明瞭に読みとることはできない。ただし，柄鏡状を呈する竪穴住居跡の規模が，中期終末～後期初頭ではきわめて小形であるのに対し，後期前葉は相対的に大形化しているような事実とか，多くが墓坑と思われる土坑群が，後期前葉では集落跡の中心部に偏在する傾向などは指摘できよう。報告書のなかで，もっとも紙幅がさかれているSI08・SI10遺構については，中期終末～後期初頭ステージに帰属し，調査区のほぼ中央東寄りに設営されていた。本論ではそこに焦点をあてて，当該期の縄文集落跡の一斑を復元してみようと思う。

(2) **SI08・SI10遺構の概要**（以下，SI省略）

SI08遺構——SIは竪穴住居跡の記号。08遺構には多量の敷石が配されているので，調査団は「敷石された竪穴住居跡」と認識された（第2図右）。報告書は特徴をつぎのように要約する。

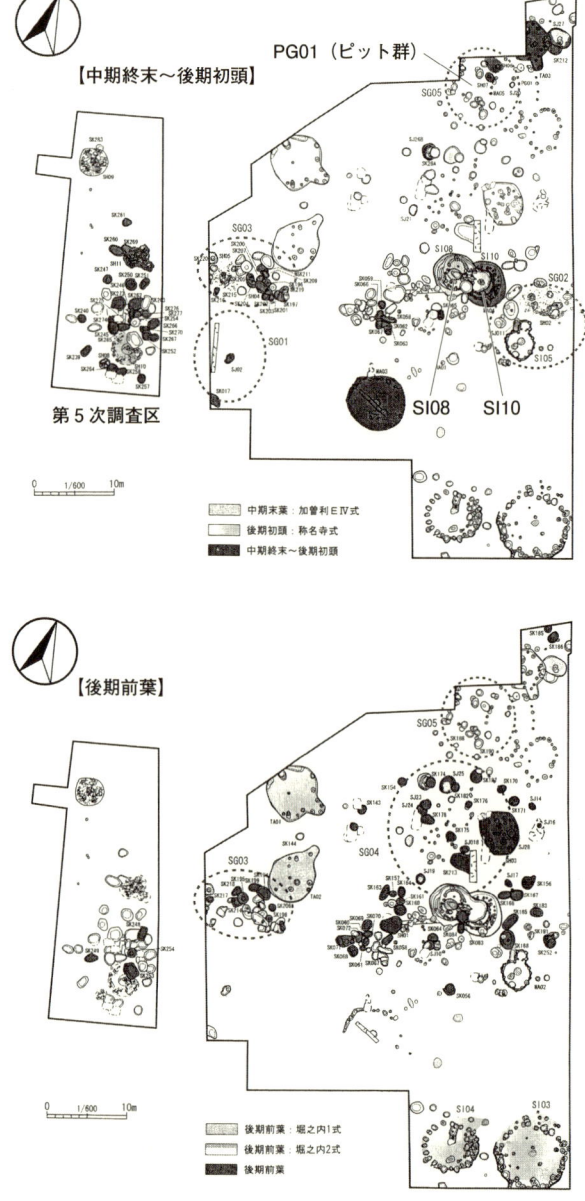

第1図　小田野遺跡第4・5次調査区（一部加筆）

①柄鏡形敷石住居である。全長は7.14ｍで，うち主体部は5.20ｍ×5.26ｍを測る。とくに注目されるのは，確認面からの掘り込みが深く，床面までは1.08ｍを測る。②主体部のほぼ全面に敷石がなされる。高くコロシアム風にせりあがる壁面には，3〜5段の積石がされている。さらに奥壁部の積石は，意識的に祭壇状に積み上げる。③掘形面にはピットや周溝が認められるが，壁柱穴列は浅目である。④主体部の中央には石囲炉が切られ，数回にわたる使用が認められる。⑤遺構が営為した時期は，出土土器から後期初頭〜前葉（称名寺〜堀之内Ⅰ期）と判断される。

ついで，10遺構の特徴を報告書から要約する。

①前出の08遺構と部分的に重複する。08遺構の炉下から発見された土器埋設の土坑（報告書でいうP1）が08遺構関係とすれば，全長は7.20ｍとなる。うち主体部は4.95ｍ×5.43ｍを測る。08遺構と同様に確認面からの掘り込みが特段に深く，床面までは1.05ｍを測る。②発掘時，主体部に敷石は施されていなかった。ただし，直径2.90ｍ前後のほぼ円形を描くようにして，棒状の礫が北から南へ時計まわりに配されていた（この棒状の礫は床面より若干浮く）。一方，北東壁際からは，床面から30〜50cmも浮いた状態で小礫が帯状に発見された。③ピットは60本が検出された。それは②でふれた棒状の礫の下部から検出される一列と，さらにその外周の壁直下に沿って円形に配される一列とがある。つまりピット列は，二重にめぐる。④床面のほぼ中央部には，長軸1.16ｍをはかる大形の地床炉が切られている。⑤遺構が営為した時期は，出土土器から中期終末〜後期初頭（加曽利EⅣ〜称名寺）と判断される。

(3) 錯綜する「相似する要素」と「相違する要素」

このようにSI08・SI10遺構は，比較してみると，あきらかに「相似する要素」と，「相違する要素」が複雑に錯綜している。その幾つかの要素を箇条的に整理してみる。

1) 発掘された08・10遺構の平面形は，両者をつなぐ中央部の，いわゆる「対ピット」を挟んで規模・平面形などがきわめて相似していることが明瞭に読みとれる。

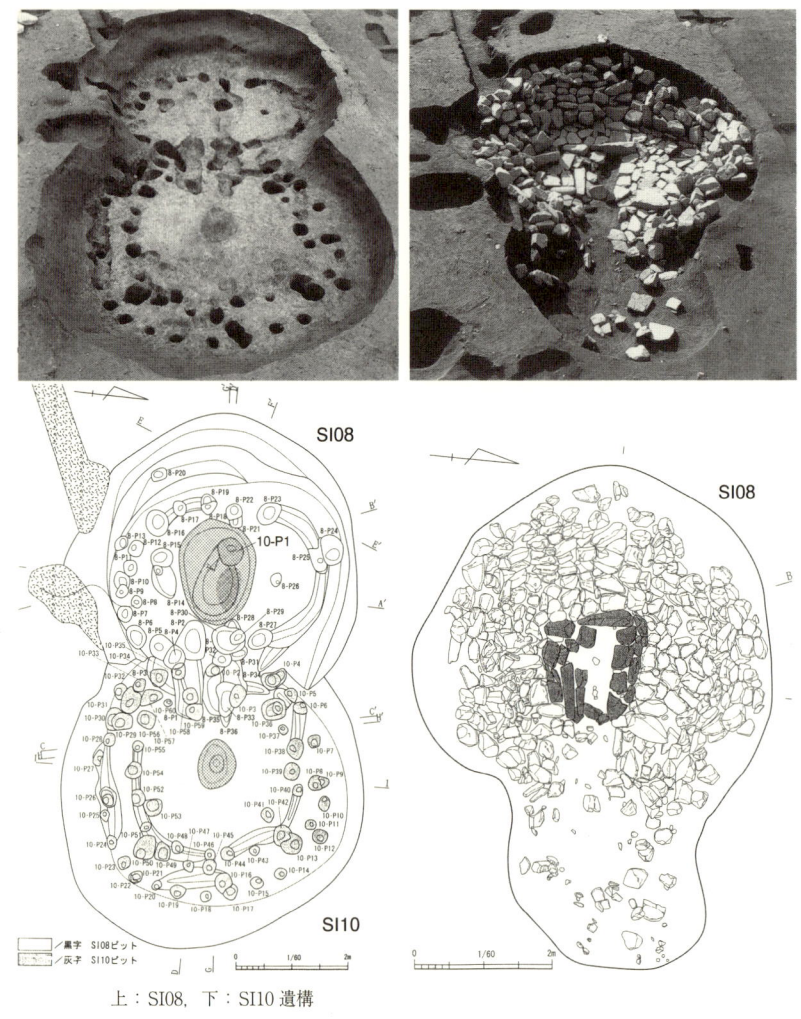

上：SI08, 下：SI10遺構

第2図　08・10遺構全体図（左），敷石された状態の08遺構（右）

2) 08遺構は出土土器の形式表徴から，後期初頭〜前葉（称名寺〜堀之内 I 期）の営為で，10遺構は中期終末〜後期初頭（加曽利 E IV〜称名寺）と報告されている。すなわち時間的には，10遺構→08遺構へと推移している。ただ，両遺構の推移が連続的であったのか，若干の時間差が介在したのか

の議論は必要である。報告書では，後者の時間差の介在を予測する。この点は，後述する。

3) 08遺構の床面・壁面には，ほぼ全面に敷石が施されていた（第2図右・写真）。一方の10遺構からは，敷石の様相がうかがえない。ただし内側にめぐるピット列の上面に，床面より若干浮いて棒状の礫がめぐり，北東壁際からも床面から30〜50cmも浮いた状態で小礫が帯状に発見された。

4) 08・10遺構はいずれもが確認面からの掘り込みが極端に深く，床面まではなんと1m余りもあり，かつ両遺構の床面レベルにほとんど高低差はない。東日本の各地から数多くの柄鏡形住居跡が発掘されているが，平坦部の床面がわずか2.80m×2.30m前後（08遺構の場合）と狭小にもかかわらず，深さが1m余という事例は間違いなく稀有である。

5) 08・10遺構とも，床面に炉跡（石囲炉・地床炉）が確認されている。遺構の中央部で，火を燃やす行為が繰り返しなされていた痕跡を認めることはできる。

6) 08遺構の炉下からは，胴部から底部が遺存する深鉢土器が埋設され，その上部を覆うように胴部破片が発掘された（報告書でいうP1）。ただし，土器は中期終末〜後期初頭（加曽利EⅣ〜称名寺）のもの。よって，後期初頭〜前葉（称名寺〜堀之内Ⅰ期）に営まれた08遺構に帰属する資料ではない。報告書の記述どおり，10遺構関連の土器埋設土坑と判断される。

すなわち10遺構は，平面的には08遺構の炉下から発掘された土器埋設土坑を含めた遺構復元が妥当である。10遺構の特徴の①でふれたように，張り出し部をふくめると全長7.20mの柄鏡形状に復元できる。

以上，報告書の記述から08・10遺構の個々の特徴を要約し，それをふまえ「相似する要素」と，「相違する要素」を箇条的に整理してみた。

2. 08・10遺構復元への一試論

では，08・10遺構はどのような復元ができるのであろうか。独断が過ぎるとの批判があることを承知で，結論的にはわたしはつぎのような復元案と遺構の性格を考えている（第3図）。

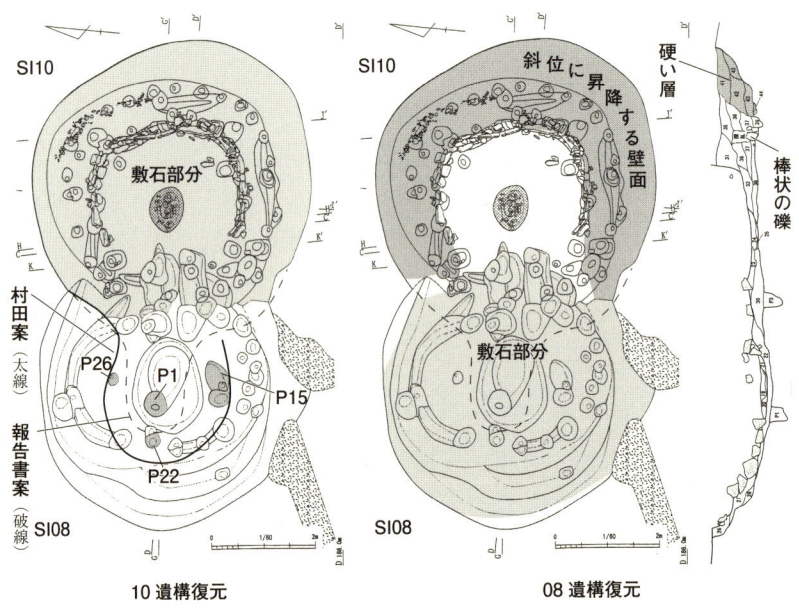

第3図 08・10遺構復元案（10遺構→08遺構へ）
淡いアミは敷石部分，濃いアミは柱穴（左図）と斜位に昇降する壁面（右図），一部加筆。

　はじめに10遺構が建てられた。そこには，主体部の全面に敷石が施されていた。中期終末～後期初頭（加曽利EⅣ～称名寺）の段階である。つづく後期初頭～前葉（称名寺～堀之内Ⅰ）段階になると，10遺構を壊して方角をまったく逆転させ，ほぼ同形・同寸の08遺構が建てられた。08遺構に敷設された敷石は，おそらく10遺構に敷設されていたものを，全面的に再利用したのであろう。すなわち，08遺構の形状や構造的な範型，さらには敷石材も前身の10遺構のものであったと推量している。いうまでもなく，両遺構間にみられる壊し（10遺構）と再建築（08遺構）は，連続的に営為されたものと考えている。

　そして08・10遺構は，おそらく集落跡の中心部に構築されたもので，結論的には，きわめて祭祀的な性格が濃厚な柄鏡形を呈する遺構であったと考えている。遺構の性格論は，また後でふれる。

　このような復元案を考えた根拠をつぎにあげてみる。

第3章　縄文ムラの広場に建つ柄鏡形敷石遺構を復元する　31

1) まず柄鏡形住居跡に通有な，主体部と柄部をつなぐ連結部に認められる「対ピット」が，08・10遺構に共通するワンセットであること。仮に両遺構に時間的な間隙があれば，必然的に二様の「対ピット」が痕跡として遺されていよう。さらにほぼ同形・同寸の平面形に加えて，掘り込みが約1m余と極端に深い半地下構造である共通点も絶対的に無視できない。

2) 上記の理由が肯定されるならば，08遺構の建設に先行する10遺構に，08遺構と同様に全面的な敷石が敷設されていたと推測するのが当然であろう。おそらく床面の敷石に加えて，高くコロシアム風にせりあがる壁面にも3～5段の積石を施し，奥部は祭壇状に造作されていたことであろう。そして平坦面は，きわめて狭隘であった。構造的には，密接して並ぶ壁柱穴（二重の柱穴列か）に支えられた「単室一屋(ワンルーム)」の荷構式家屋で，主体部に上屋を架けた伏せ屋型と推測している。

3) 中期終末～後期初頭（加曽利EⅣ～称名寺）に建てられた10遺構の平面形が，長い柄部をもついわゆる「柄鏡形」であったことは，08遺構の炉下から発掘されたP1の埋設土器が，中期終末～後期初頭であることから証明できる。そのP1（径50×46cm・深さ43cm。胴部から底部が遺存した土器を穴の底部に据える）周辺では，08遺構からみて右側のP26は深さ40cm，反対側のP15は深さ50cmと54cm，最先端のP22は深さが49cmと深い。ちなみに08遺構に帰属する壁柱穴は，深さが一様に10～20cm前半代であるから，P15・P22・P26はその2倍の深さになる。よってわたしは，P1同様，P15・P22・P26の3柱穴も10遺構に帰属させ，柄部には上屋が架けられていたものと推測している（第3図左）。

4) 報告書に記された08遺構の柄部の復元――敷石がまばらに施された主体部の先端を破線で表示した範囲――については，大いに疑問を抱いている。わたしは10遺構の主体部の外周，すなわち壁面と接する箇所（内側の壁柱穴列）に，直径2.90m前後のほぼ円形を描き，床面より若干浮いた状態で棒状の礫が配されていた事実に注目する。この棒状の礫は，しばしば敷石住居跡の床面外周沿いに認められる「縁石」と同様の機能性が想定できる。すなわち棒状の礫をだとるラインから外側は，外部の地表面にむ

けて段々と土砂を積み上げ（その土砂の一部に小礫が混ざっていた。それが北東壁際で床面から30～50cmほど浮いて発掘された小礫であろう），そこから外部へ昇降していたものと推測する。つまり08遺構の柄部は，10遺構の主体部に認められたほぼ円形に配された棒状の礫が下部ラインにあたる。そこから外部へやや斜めに昇降していたのであろう（第3図右）。

報告書のD—D′土層説明では，ほぼ円形に配された棒状の礫の外側につづく土層（41・42・43層）は，一様に「粘性あり，堅くしまる」とあり，それより内側の「しまりやや欠ける」などの説明とは，あきらかに一線が劃せる。報告書は，10遺構の床面に若干浮いてほぼ円形に配された棒状の礫の意義を問うていなかった。土層の硬軟の違いも同様である。

整理してみると，08・10遺構の「相似する要素」として，両者の平面形状を強調してきた。が，結論的には，10遺構は長い柄部の先端に土器埋設土坑（埋甕）を設置し，深めの柱穴の存在からそれを覆う上屋が想定できる。一方，08遺構の先端は，棒状の礫でほぼ円形に劃し，上屋を支える柱穴は特定できず，よって柄部に上屋は想定しがたい，というのが最終的な復元案である。緩やかな斜面を昇降していたのであろう。

3. 08・10遺構以外の遺構復元 —柱痕が確認されたピット群など—

小田野遺跡の第4・5次調査区からは，08・10遺構以外にまだ多種・多様な遺構・遺物が発掘されている。そのあたりは調査担当者の相川薫と調査員の渡辺昭一が，報告書の中で纏めている。記述が煩雑であるため，読み手の隔靴掻痒の感はまぬがれないが，懸命に熟読すれば調査関係者が描こうとした全体像は理解できる。たとえば，配石や多量の土器・礫などが土坑の掘り込まれた穴の上位面から検出される土坑群のほとんどが，死者を葬った穴，すなわち「墓坑群」にあたるとする見解はいうまでもなく妥当であろう。とくに配石遺構を中心に土坑群が集中するという傾向は，上記の推測と大いに関連する。そのほか，第4次調査区からは，5か所に遺物集中箇所が確認された。時期的には中期末～後期中葉に至るとされる。その性格付けなどが，明快に解説されていないのは，惜しまれるところである。

第3章　縄文ムラの広場に建つ柄鏡形敷石遺構を復元する　33

(1) 柱痕や柱の抜取り痕が確認されたピットを考える

　そうしたなか，第4次調査区の北側隅にかけて発掘されたピット群（遺構番号PG01・PG02）のなかに，柱痕とか柱の抜取り痕が確認されたピットが複数本含まれていることは注目される。とくにPG01の所見は看過できない（第1図上段，第4図）。すなわち，41を数える円形系の穴（ピット）が散在的に確認され，穴の平均規模は直径56cm，深さ51cmであるから，かなり大形のピットである。なかでも深さが50cm以上を計測するピットNo.1・2・3・25・26・30・34からは柱痕が，ピットNo.10・28・40からは，土層の観察から柱の抜取り痕が確認されている。報告書には，柱痕そのものの平面形状やサイズ・深さ，あるいはそれらが一定のデザイン性をもって建てられたか，あるいは林立する状態であったものか，などの記載はない。しかしこの穴（ピット）群中に，丸柱か半裁された柱かは分からないが，柱穴の直径から推測して，結構太目の柱が建てられていたことは間違いない。

　縄文期の木柱列は，東日本の日本海側に多く，それは円形（ウッドサークル）や方形に配列されるものが主体的である。が，それ以外に，小田野遺跡のように柱痕や柱の抜取り痕が，不定形に並んで発掘される事例もあり，これらはかなり普遍的に存在していた可能性が高い。この辺りの現場所見を丹念に観察・復元しなければ，石造記念物をふくむ縄文時代における立柱祭祀の真の歴史像は描けないであろう（村田2006，植田2008）。

(2) 居平遺跡・野地遺跡・宮添遺跡などの「木造墓標柱」を考える

　そこで想起されるのが，長野県富士見町の居平遺跡（中期末葉）の広場から発掘された著名な「墓標柱」である。90余基の墓穴（平均直径1m，深さ0.8～1.2m）が円形に並び，そこからはほぼ等間隔に平均直径40cmの柱痕が9本発見された。長野県茅野市の中原遺跡（中期後半）の広場からも円形状の墓穴と，その脇に同じく円形状に並んで掘られた柱穴内の柱痕から，「木造墓標柱」が復元できるという（小池岳史氏のご教示）。一方，神奈川県川崎市の宮添遺跡（中期中葉以降）では，墓穴底部に胴部以下を欠損する土器を逆位に据え，それと対極をなす墓穴長軸端に小ピットを穿っている。小ピットの直径から推測して，径15cm前後の木柱を据えたものであろう。同

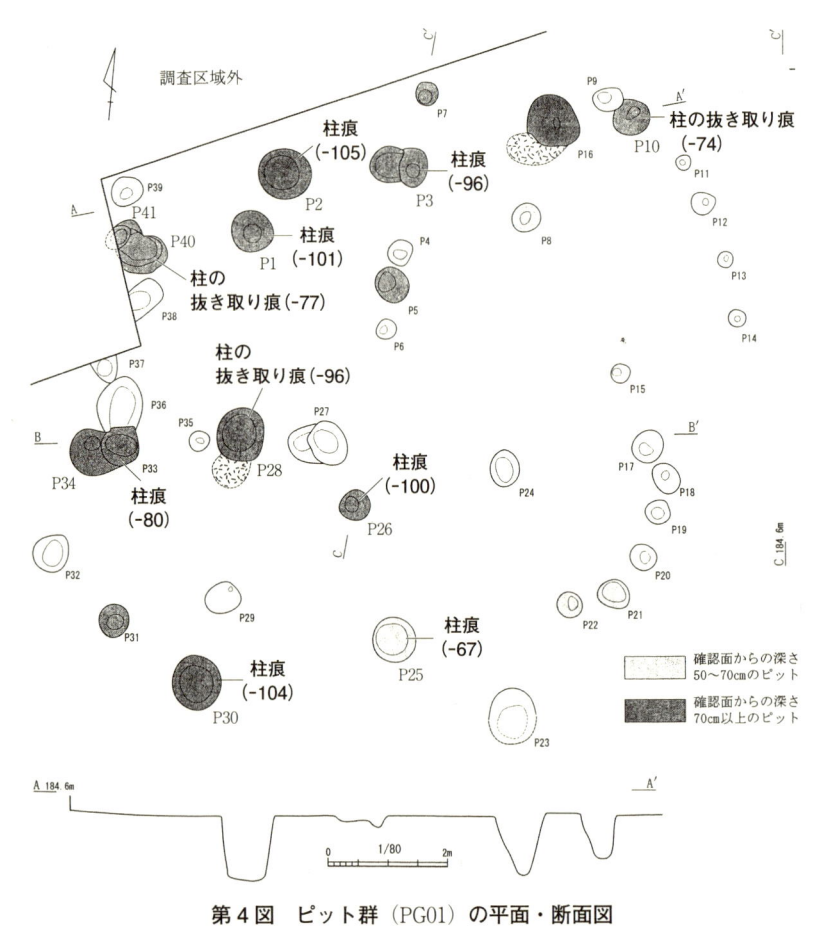

第4図 ピット群（PG01）の平面・断面図
（柱痕・柱の抜き取り痕を示す。表示下の数字は柱穴の深さ，単位：cm）

遺跡からは，この種の「墓穴内」に「木造墓標柱」を据えていたと推測できる事例が幾例か発掘されている。このような事例を参酌すれば，小田野遺跡にも地表高く木柱が建てられたムラ景観が確実に復元できよう。

　近年公開された新潟県胎内市の野地遺跡の所見は，さらに具体的である（第5図）。野地遺跡は胎内川に面する扇状地に立地しており，沖積地ならではの知見が得られる。P2区の後期中葉～後葉面からは，底面にトチノキの

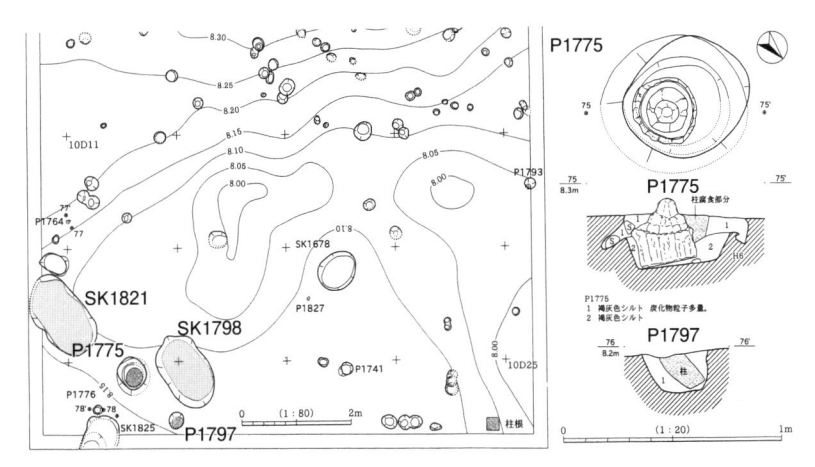

第3章 縄文ムラの広場に建つ柄鏡形敷石遺構を復元する 35

第5図　新潟県野地遺跡 P2 区（後期中葉～後葉）**から発掘された墓穴**（左図・アミ掛け）**と脇に立つ木造墓標柱**（右図）

　板材を敷いた楕円形の穴（長径 1.4×短径 0.8 m）が 2 基発掘され，それらから人骨が検出された（遺構番号 SK1821・1798）。まさに，人骨埋葬用の墓穴である（SK1798 は，人歯から 11 歳児）。この二つの墓穴の中間には，直径 60 cm 前後の円形の穴が掘られ，そこからは建った状態で直径 24×27 cm のクリの柱が発掘された（遺構番号 P1775）。位置関係から相互の関連性は明瞭である。これぞ「墓穴」の脇にたつ「木造墓標柱」の典型例といえよう。
　多くの縄文研究者は，配石遺構や墓穴内から長めの石柱が発掘されれば，それを積極的に「石造墓標柱（記念物）」として認知する。しかしなぜか，石造墓標柱よりもはるかに普遍的な存在であった「木造墓標柱」には，さして興味も想念も湧かないようである。
　小田野遺跡に戻れば，特異な遺構の 08・10 遺構とピット群（遺構番号 PG01）の中間は，土坑・ピット群・配石・遺物集中域などがひろがる空間域である。その一角に，太目の木柱が複数本立ち並び，天空を睨む景観が復元できる。それは近接する墓域の存在とも不可分であろう。その複数本が建ち並ぶ柱群の平面的なデザインはわからないものの，その柱が樹皮を剥がされた白木仕様のもので，そこに彫刻文様がなされていた程度の想念は許される

4. 象徴的な 08・10 遺構の性格を考える

いわゆる「対ピット」を真ん中に挟んで，ほぼ円形な形状を呈する 08・10 遺構が「相似する要素」と，「相違する要素」で彩られた特異な遺構であることは，すでに箇条的に整理してきた。最後にもう一歩踏み込んで，その性格を検証してみよう。

(1) 聖石遺跡・垣内遺跡などの石造物遺構から広場空間を考える

08・10 遺構の性格を考えるとき，わたしは長野県茅野市の縄文大集落跡（中期後半〜後期前半）である聖石遺跡の中央広場に復元できる「石造物・聖石」の存在が思い浮かぶ。遺跡名の「聖石」は，その石造物・聖石に由来する（写真 1）。聖石は最大長 245 cm，最大幅 105 cm，高さ 70〜80 cm で，長軸の両端が尖る。上面は全体的に窪み，最も深いところで 20 cm。推定重量は 1 t。近年，小池岳史によって「聖石」の聞き取り調査がなされ，それによると昭和 40 年代以前では，長軸が東西を指し，2/3 程度が露出し，窪み面が上を向いていた。この情報をもとに，小池が旧位置を聖石縄文集落跡におとしてみると，なんと広場中央にあたっていた（第 6 図）。ちなみに，八ヶ岳起源の火砕流・泥流の上に堆積する赤土層（ローム層）並びに腐食土層には石は含まれず，また発掘

写真 1　縄文集落・聖石遺跡の広場中央部に据えられていた「聖石」

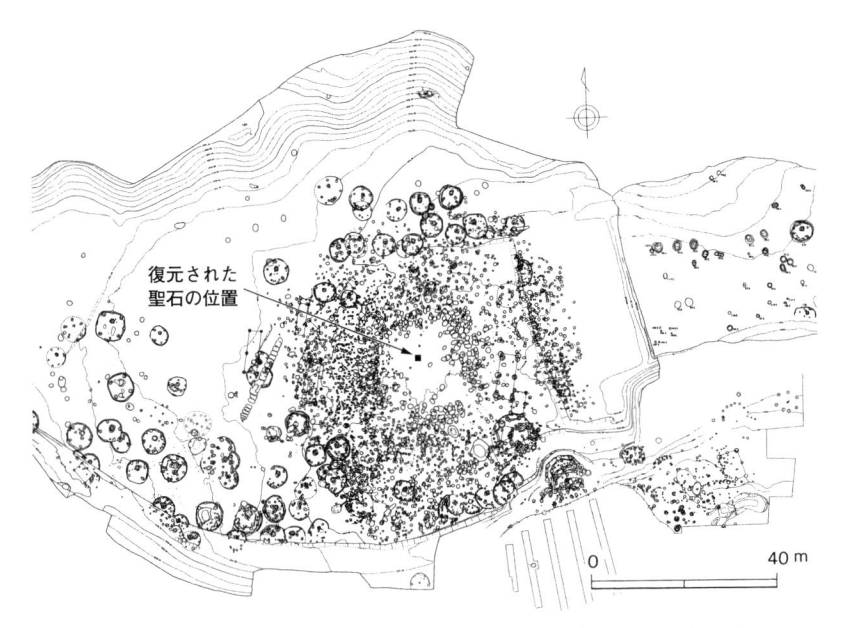

第3章　縄文ムラの広場に建つ柄鏡形敷石遺構を復元する　37

第6図　聖石遺跡の縄文ムラと「聖石」の復元位置（小池2009を参照）

された遺構・遺物も縄文時代のものに事実上限定できるので，「聖石」は聖石縄文人が，広場中央に運び込んだものと小池は推測する。関連する類例をあげると，岐阜県高山市の垣内(かいと)遺跡（中期後半）には，江戸時代から触ると祟りがある「三ッ岩」伝承があった。発掘の結果，それは縄文ムラの中央広場にあって，ちょうど居住域と墓域を結界するように等間隔で一周する八個の石造物のうちの三個であった（第7図）。これらを根拠にすれば，聖石遺跡の「石造物・聖石」も，縄文中期人が結(ゆい)をもって広場中央部に運び込んだ所業とみる小池の推測は妥当であって，躊躇はいらなかろう。

　若干の付言をすれば，垣内遺跡の「三ッ岩」（実際には「八ッ岩」）のさらに外側をめぐる土坑群（墓穴群）の形状や並び方をみると，長野県居平遺跡・新潟県野地遺跡・神奈川県宮添遺跡などで確認・推測したような木造墓標柱が屹立していたと思われる。つまり垣内遺跡の広場中央は，「八ッ岩」で囲繞され，その内・外側に「墓穴」・「木造墓標柱」が屹立し，さらにその外側

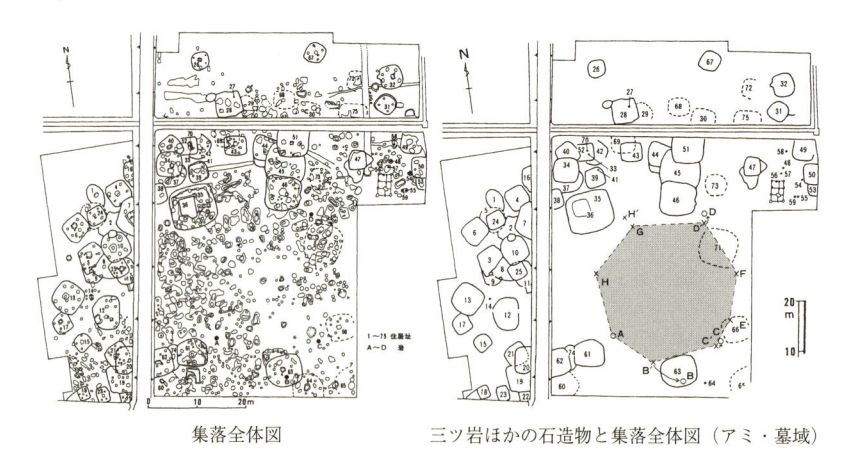

集落全体図　　　　　　三ツ岩ほかの石造物と集落全体図（アミ・墓域）
第7図　岐阜県高山市垣内遺跡

に住まいが円形に並ぶようなムラ風景が復元できるのである。

(2) 08・10遺構 ―狭隘な空間で繰りかえされた秘儀を推測する―

　そろそろ結論を急ごう。08・10遺構はこれまで解析的にふれたように，「敷石」が施された単純な住居遺構でないことは明白である。よって山本暉久のように，「敷石」された08遺構を「多量の石積み」とみなし，「柄鏡形敷石住居の廃絶過程を知るうえで貴重な事例といえよう」として総括をすることには，到底納得することはできない（山本2010）。その理由は，これまでの記述と重複する部分があるが，箇条的に整理しておく。

1) まず位置を考える。小田野遺跡の全体的な広がりが掴めてないから，08・10遺構の正確な位相は捉えられない。しかし，周辺からは土坑群・ピット群（一部に柱痕を確認）・配石遺構・遺物集中域などが発掘されている。同時期の集落跡の数多くの事例から推測して，間違いなく小田野ムラのほぼ中心域であろう。

2) 08・10遺構は，中期末～後期初頭にかけて継続的に営まれたほぼ同形・同寸の遺構として復元できる。主体部全面に敷石された10遺構がまず建てられ，その後，方角をまったく逆転させた08遺構が建てられた。08遺構の敷石は，おそらく10遺構のそれを再利用したものであろう。10遺構

にも敷石が敷設されていたという，原風景への想念が必要なのである。
3) 08・10遺構とも主体部中央にしっかりした造りの炉跡が確認されているので，住まいとしての原理は備えている。しかし敷石された08遺構の「主体部の平坦面」は極めて狭隘で，東西径2.8 m×南北径1.9 mしかない。その半面，地表面からの深さは1 m余もあり，非常に深い。この「狭隘」にして「深く」かつ「壁面高くまで敷石」し，さらに「奥壁部は祭壇状に積石」するという四つの特徴は，これが日常的な居住空間ではないことを雄弁に証左している。
4) 08・10遺構とも深い竪穴内から列状に壁柱穴が確認されている。主体部は，上から架かる重量を柱・梁などの木材で支える，いわゆる「架構式構造」であった。しかも平坦面が約3×2 mという狭隘な空間にもかかわらず，深さが1 m余という構造から推測すると，上屋が地表面に高く突出していたとは思えない。外観的には，屋根が地表面にわずかに露出した程度，文字通りの「半地下式」構造の建物で，おそらく土葺き屋根であろう。つまり08・10遺構は，ムラの中心域に設営されつつも，半ば秘密裡に封じるという二律背反的な性格をもつ遺構であった。
5) この狭隘な空間では，ムラの維持・存続に必須な儀礼や秘儀が執行されていたのではなかろうか。民俗学では，男女の性的な結合を擬似化するように，正月に夫婦が裸で囲炉裏を回りながら穀物の予祝をする「裸回り」などが採集されている（飯島2001）。たとえばその原型となる，子孫繁栄・穀物豊穣と結びつくような儀礼が，この秘密裏の空間で若い男女にさずけられていたかも知れない。とくに遺構が営まれた中期末～後期初頭は，気候の寒冷化によってムラの活力は衰微し，家々は分散化し，ムラを覆う覇気・運気は極端に減少していたと推測されている。小田野遺跡のような，いわゆる核ムラでは，周辺の複数のムラをふくめて，その窮状を克服し，再生・豊穣につながる社会的な装置が必要であった。さらに，08・10遺構の西側，第4次調査区と第5次調査区は，「墓穴」集中域にあたる。かくしてムラの中心域には，「死と再生」という縄文的なイズムが貫徹されていたのである。

6) 10遺構→08遺構へなぜ劇的にチェンジしたのか。この謎解きは容易でない。08・10遺構が，東西に狭長な台地のほぼ中央部に位置し，両遺構が東西を主軸に構築されている点からあえて考えるならば，ムラには東西に二分する出自系があり，初期段階では東系出自の勢力が10遺構を管掌していた。やがてムラを覆う運気も命脈が尽き，かわって西系出自の支配になった。10遺構→08遺構へのチェンジはその時点の可能性がある。ただ小田野遺跡の調査域からは，これ以上双分的な社会組織論を議論するような考古資料が得られているわけでない。よってこの先の議論は，是非に及ばず，としておこう。
7) 最後に長野県聖石遺跡の「聖石」に話題を戻す。小池岳史が聞き取り調査から推測した縄文期の「石造物・聖石」の位置が，第6図で示すようにムラの中心域に復元できれば，そこは小田野遺跡の08・10遺構のような闇夜で伝統的な秘儀を演出する舞台であった可能性も浮かんでくる。あるいは輝く太陽のもとでは，山野河海から得た獲物や収穫物を祝い，ムラ人に再分配する際に利用する卓台(テーブル)であったかも知れない。大きな石皿としても利用できた。「聖石」は，なんとも多様な想念を刺激してくれる。

5. 結ビ・遺跡ヲシテ歴史ヲ語ラシム

　私はいまだかって縄文時代集落跡についてフイルドを持ったことはない。恐らく，それだけに現実に即さない推測がかなり指摘されることとなろう。そうした危惧をもちながらも，なおこのようにまとめねばならない気持ちに駆りたてたのは，立派な遺跡が次々と破壊されていく今日，何よりもまず明確な集落論を配慮した調査が行われねばならないからである。(水野正好 1969「縄文時代集落研究への基礎的操作」『古代文化』21巻3・4号）「あとがき」)

水野正好の著名な論文は内容も衝撃的であったが，わたしには縄文集落跡のフイルドをもったことがない，と告白したうえでの「あとがき」の諫言(かんげん)の方が，さらに深く脳裏に沈殿した。これまで幾つかの縄文集落跡を分析的に取り上げてきたが，それはこの諫言を自分なりに咀嚼しながら，必死に求め

第 3 章　縄文ムラの広場に建つ柄鏡形敷石遺構を復元する　41

た拙い答であった。本論では，既往の解釈論は意識的に避け，徹底的に遺跡・遺構からムラの歴史を語らせようと挑んだ。すなわち，「遺跡ヲシテ歴史ヲ語ラシム」という年齢相応のアナクロニズムを，とことん堪能してみたかったのである。

参考文献

飯島吉晴 2001『一つ目小僧と瓢箪』新曜社

井戸尻考古館編 2004『蘇る高原の縄文王国』言叢社

植田文雄 2008『古代の立柱祭祀』学生社

小池岳史 2009「縄文集落に存在した巨石「聖石」」長野県茅野市イワクラ学会・イワクラサミット in 茅野

黒川地区遺跡調査団ほか 1997『宮添遺跡』川崎市麻生区黒川地区遺跡群報告書Ⅷ

谷口康浩 2005『環状集落と縄文社会構造』学生社

新潟県教育委員会・(財)新潟県埋蔵文化財調査事業団 2009『野地遺跡』新潟県埋蔵文化財調査報告書第 196 集

村田文夫 2006『縄文のムラと住まい』慶友社

山本暉久 2010『柄鏡形（敷石）住居と縄文時代』六一書房

その後の見聞録

2012 年 7 月 11 日付の東京新聞ほかには，東京都国立市緑川東遺跡から発掘された縄文中期末〜後期にいたる敷石住居跡内から，長さが各々 1.1 m を測る長大で完形の石棒が 4 本も並んで発見されたと写真付きで大きく報じられた。わたしは和田哲先生の御配慮で 7 月 6 日，現地を御案内いただき，調査中の敷石住居跡と石棒を実見することができた。

発掘された敷石住居跡の平面形は，おそらく柄鏡形を呈するのであろうが，残念ながら柄部は前身建物の建築の際に損壊していた。和田先生の御案内で実見したとき，遺構の形態などの特徴が本論で取りあげた八王子市小田野遺跡の SI08・SI10 遺構のそれと非常に類似している，という印象を強く抱いた。しかも長大にして完形の石棒が 4 本も見事に並んで発見されたわけであ

るから，きわめて感動的であった。
　しかしわたしのような第三者が，今の時点でその意義を論じることは当然控えるべきであって，調査関係者による正式報告書の刊行を心から期待している。

第4章　五平(状)柱を主柱穴に据えた弥生期の竪穴住居跡
―― 弥生中・後期における調査・研究の現状 ――

はじめに

　考古学者は，発掘された建物遺構の地上30cm以上の姿には責任をもたない，といつまでもうそぶいているわけにはいかない。考古学者が掘りだした建物遺構であるからには，そこから復元できる地上の姿に，相応の想いを馳せるべきで，なによりもその責任がある。

　毎年，おびただしい数の竪穴住居跡（以下，竪穴）や掘立柱建物跡が列島各地から発掘される。発掘者は「主柱穴」の平面形（厳密にいえば床面上縁部の形状）のほとんどが円形であることから，建物跡の上屋を支える柱材は，当然，平面形にあわせた「丸柱」が据えられていた，と深く考えることもなく信じていたと思う。それは決して間違った理解ではなかろう。しかし，歴史にはもう一つの史実がある。それが標題のような「五平（状）柱」の存在である。

　五平（状）柱の原語にあたる「五平柱」とは，柱材に関する建築用語。その特徴は，柱材の断面の長さが，長辺2に対して短辺1の比率になる柱材のこと。現在の建築でも柱材の断面は，円形となる「丸柱」か，10×10cmのような正方形（いわゆる角材）がほとんどであるが，一部に10（長辺）×5（短辺）cmのような長方形のものがある。それを「五平柱」という。

　関東・甲信地方の弥生時代を中心とする竪穴からは，本論でふれるような五平柱の実物資料や炭化材資料が幾例か発掘されている。その竪穴などから発掘される五平柱の存在を，わたしは2006年と2007年に2編の論攷[1]，2007年に発掘事実にそくした論攷[2]にまとめてみたが，いずれも準備と力量不足で十分に意が尽せず，早晩再挑戦したいと念じていた。今回貴重な紙面を拝借し，最新の資料も含めて，調査・研究の現状を紹介することによって，

今後にむけての基礎的な理解が共有できれば幸いである。なお，集落遺跡から発掘される実物・炭化材・柱痕土層資料には，必ずしも長短辺比率（以下，比率）が2対1にならず，さらに扁平な板状の柱材も含まれている。標題をあえて「五平（状）柱」とした理由である。

1. 五平（状）柱への関心から資料の確認へ

わたしが五平（状）柱に関心をもつようになった経緯と，その後の展開にふれることによって，問題点の輪郭が理解していただけるであろう。

神奈川県横浜市が関与して構想された港北ニュータウン内には多数の遺跡が所在し，それらが発掘されて多くの成果を生んできた。その事前調査で発掘された横浜市港北区中里遺跡の成果が，1970年に公表された[3]。きわめて簡略な概報であったが，発掘された4軒の竪穴のうち，弥生後期の久ケ原期に営まれた隅丸長方形の2号竪穴は，長軸9.2m×短軸7.1mの大形サイズであった（第1図1）。それ自体は特段のことではないが，ただ四隅に整然と配された主柱穴4本の平面形（掘り込み上縁部）をながめて驚愕した。それは見慣れた「円形」にはほど遠い「超長方形」で，4本の長辺の平均長は100cm，短辺の平均長は23cmであった。このような平面形の柱穴に，丸柱を据えつけていたとは到底考えられない，扁平な柱しか想定できない，という直感がよぎった。しかし柱の実物資料とか，柱穴内から扁平な柱状の土層が確認されていたわけではなかった。

それから20年後の1991年2月，埋蔵文化財研究会の第29回研究集会「弥生の掘立柱建物を考える」が開催され，膨大な資料集『弥生時代の掘立柱建物』を落掌した[4]。そのなかに山梨県甲斐市金の尾遺跡から，弥生後期の竪穴が33軒発掘され，うち2軒から扁平な柱材が発掘されていることを知った[5]。柱穴の平面形も強い楕円形で，20年前の中里遺跡2号竪穴の直感に誤りのないことを知った。さらに13年後の2004年，今度は山梨県笛吹市境沢遺跡の弥生最終末期の竪穴から，鉄斧で仕上げた削痕も鮮やかな扁平な柱材（第1図2・3）の好例が発掘されていることを知った[6]。金の尾遺跡・境沢遺跡に実物資料の好例が遺存していたのは，両遺跡とも河川によって形

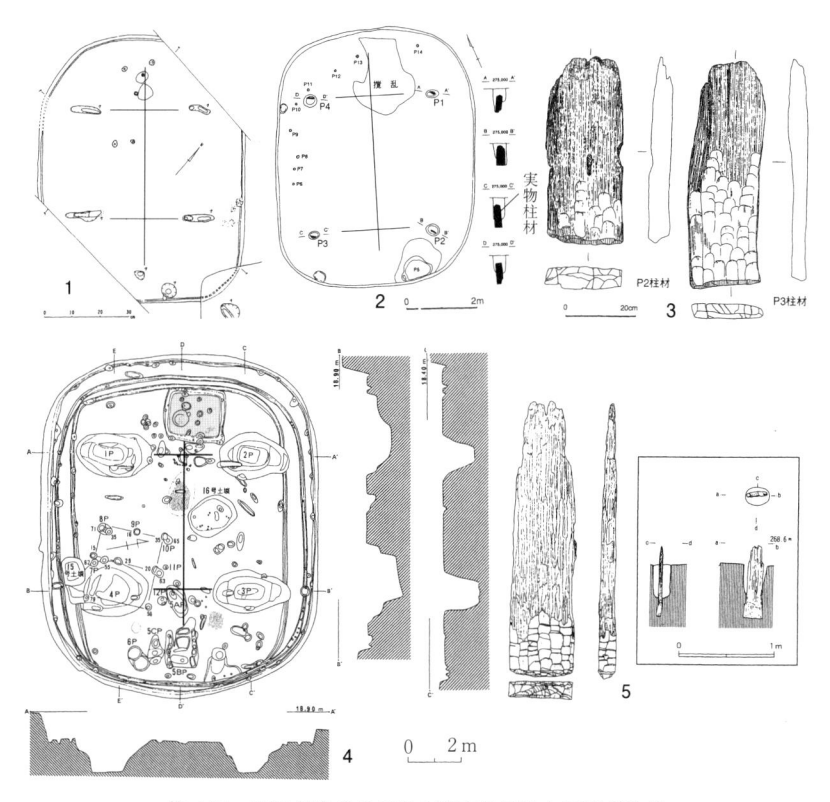

第4章　五平(状)柱を主柱穴に据えた弥生期の竪穴住居跡　45

第1図　五平(状)柱を据えた竪穴住居跡と五平(状)柱
1：中里遺跡2号　2：境沢遺跡3号　3：同竪穴の五平(状)柱
4：佐原泉遺跡32号B　5：身洗沢遺跡2号の五平(状)柱(左)と出土状況(右)

　成された扇状地付近に立地していたため，安定した地下水位によって木材が保護されていたからであった。
　柱材が後世に遺存するケースとしては，別に火災により家屋が埋没した場合がある。縄文家屋以降，各時代に数多く好例をみる。そこで手許の報告書から五平(状)柱をさがしたところ，横浜市都筑区大塚遺跡のY17号竪穴(弥生中期)の主柱穴内から，長辺40cm×短辺10〜15cmの炭化した柱材が1991年に報告されていた[7]。しかしこの認識は正確でなく，じつは大塚遺跡に隣接する歳勝土遺跡から，好例が1975年に報告されていた[8]。

主柱穴の掘形(ほりかた)に合わせるように，明瞭な柱痕が確認できる事例もわかってきた。好例が1989・90年に調査された弥生後期初頭から後期前半に及ぶ大集落跡の群馬県高岡市中高瀬観音山遺跡で，調査成果は1995年に報告された[9]。最近，中高瀬観音山遺跡と同様に，主柱穴や出入り口部の柱穴を被う覆土や貼り床層に，明瞭な柱痕が確認できる事例を親しく知る機会があった。それは長野県佐久市の北一本柳遺跡Ⅲ区の事例で，黄褐色・褐色系のローム主体の柱穴覆土や黒褐色系の貼り床面を切るように，黒褐色系の色調で柱痕（土層）が明瞭に確認されていた[10]。その柱痕は，柱穴の平面形に合わせるように，きわめて扁平な五平（状）柱の形状であった。

このように五平（状）柱の存在は，(1)実物資料で確認する，(2)炭化材資料で確認する，(3)柱の痕跡土層で確認する，(4)主柱穴の平面形から推測する，の四通りから明らかになった。うち(4)の推測は，(1)〜(3)の存在によって一層の確実性が担保される。ただ(4)の場合，床面の平面形（上縁部分）から五平（状）柱が明瞭に推測できる事例が存在する一方で，(1)〜(3)と照合すると，床面での平面形は楕円形でも五平（状）柱が据えられた事例もある。そのように考えると"主柱穴底面の平面形"こそ，直上に据える柱の形態・寸法との強い因果性が示唆されている推測できる。以上が五平（状）柱を認識するまでのプロセスである。

2. 主柱穴の平面形から五平（状）柱を推測する条件

前記した，(1)〜(3)によって発掘される事例は決して多いわけでない。問題の本質に迫るためには，(4)の主柱穴の平面形から推測できる事例を，確実に捜しだす必要がある。そのためには，どのような条件を満たしていれば「確実な事例」の仲間入りができるのか，蓋然性の高い基準が肝要となる。そこでつぎの2点の基準が浮かんできた。

その1——。2005年時点で実物資料が発掘された4遺跡8竪穴の"主柱穴の底面の平面形"を実測図から測ると，境沢遺跡・身洗沢遺跡[11]では，比率が平均1.31対1.0で楕円形であるが，金の尾遺跡・大塚遺跡では2.04対1.0で，明瞭に「長方形」（真正の五平形）であった。勿論，後者については

第 4 章　五平(状)柱を主柱穴に据えた弥生期の竪穴住居跡　47

疑義の余地はない。問題は前者で，楕円形の柱穴底面でも五平（状）柱が据え付けられていた可能性が生じてくる。そこで実物・炭化材資料が発見されていない遺構レベルでは確実性を考慮して，主柱穴 4 本の底面の比率が 1.9 以上対 1.0（測量誤差含む）が 3 本以上あれば，五平（状）柱が据えられた竪穴と判断することとした。つまり，柱穴底面の比率にこだわる。

　その 2 ——。五平（状）柱が据えられた竪穴には，大きな特徴がある。すなわち五平（状）柱の実物資料は，隅丸長方形の竪穴の長軸に対して例外なく約 90 度の角度をもって据えられている。それに合わせて主柱穴の平面形も，長軸が竪穴の長軸に対して直角に掘られている（第 1 図 1・2・4 の壁穴内の線）。逆に，竪穴の長軸と平行方向に主柱材が据え付けられた事例は皆無。これは主柱穴の平面形から，五平（状）柱の据え付けを推測する場合には，有力な指標となる。

　上記の条件を肯定してさらに敷衍化させると，あらたに幾つかの特徴的な指標が見えてくる。

　その 3 ——。金の尾遺跡・大塚遺跡・境沢遺跡のいずれでも，五平（状）柱が据えられた竪穴は，集落跡内では面積規模が大きな，いわゆる大形竪穴に偏向している。関心を抱く契機となった横浜市港北区中里遺跡の 2 号竪穴も 9.2 m × 7.1 m の大形サイズで，一緒に発掘された他の 3 軒の面積をはるかに凌駕していた。このように集落跡のなかでも，明らかに大形竪穴に偏向する傾向がある。この特徴も大きな指標となりうる。

　その 4 ——。構築時期もきわめて限定的である。南関東編年では，弥生中期宮ノ台期終末から後期前半に多く，古墳時代初頭にはほとんど終焉している。柱材の実物資料は，鉄斧で最終調整したと思われる痕跡も鮮やかなので，東国における初現の時期は，鉄製品の普及と深く関わっていることは明らかで，その伝播・普及の時期とも整合的である。

　その 5 ——。地域的に概観すると，実物・炭化材・柱痕（土層）資料が確認された事例は，山梨・長野・群馬・神奈川県下である。主柱穴の平面形から推測できる(4)の事例をさらに鋭意渉猟すれば，埼玉・東京・千葉などの都・県にも確実に及んでいる可能性がある。それは中部高地型と称される櫛

描文様の分布域，その系譜下にある櫛描きの簾（すだれ）状文・波状文をメルクマークとする南関東の朝光寺原式土器の分布域とも関連している。

＊　　　　　　　　　　＊

このように五平（状）柱が据えられた弥生時代の竪穴を総括すれば，以下の四点から判断することができる。

　(1) 柱の実物資料　　　　(2) 柱の炭化材資料
　(3) 柱の痕跡（土層）資料　(4) 主柱穴平面形（とくに底面の形状・寸法）

(4)による推測を確保するためには，前記したその1・2にあげたような基準的な指標がある。それを敷衍化すると，その3〜5にあげたような特徴的な事象がみえてくる。これらの諸条件を総合的に捉える必要がある。

3. 五平（状）柱が認識されるまでの過程を知る

1970年に公表された横浜市港北区の中里遺跡2号竪穴の存在から，わたしはいわゆる五平（状）柱への関心をもち，それから20年余を経過した1991年2月に落掌した資料集『弥生時代の掘立柱建物』で，竪穴における実物資料の存在を始めて確認した。が，実際にはそれ以前にも実物資料は発掘・報告されていたし，五平（状）柱という表現こそ使用していないが，発掘現場では扁平，板状の柱材への執拗な挑戦はなされていたのである。そうした研究史も大いに重視しなければならない。手許にあるかぎられた調査報告書からみてみよう。

(1) 五平（状）柱の良好な炭化材資料は，1972年に横浜市港北区の歳勝土遺跡の弥生後期（弥生町期・朝光寺原期）のY7号竪穴から発掘され，1975年には，図面・写真付きで報告されていた[12]。この竪穴は火災に遭っており，多数の炭化材が遺存していた。うち主柱穴P1は，楕円形で24.5cm×22.4cmをはかり，その中央部に16.6cm×9.7cmの木芯を遺す柱が発見された。報告書では，柱の「断面が隅丸長方形になるよう整形されていた」と，形態的な特徴と加工の可能性にふれていた。この柱材の比率は，短辺9.7cmを1.00にすると，長辺16.6cmは1.71にあたるので，いわゆる真正の五平柱といえる[13]。

第4章　五平(状)柱を主柱穴に据えた弥生期の竪穴住居跡　49

　歳勝土遺跡に隣接する大塚遺跡の史跡公園内には, 五平柱で建てた復元家屋 (Y71・80号竪穴) が公開されている。主柱4本の柱は, 平均33 cm×18 cm で, 比率は1.85 対 1.00。歳勝土遺跡 Y7 号竪穴から発掘された柱材 (16.6 cm×9.7 cm) と比較すると, 約2倍の太さになる。復元設計にあたっては, 当然参酌されていたと思われるが, 現地にはその旨の解説がない。見学者がこの重要な歴史的な事実を知ることができないのは惜しまれる。

　(2) 五平 (状) 柱の実物・炭化材資料は確認できなくても, 竪穴の主柱穴の平面形や覆土の観察所見から「丸柱」ではなく「割り材」「板材」であろうと, 果敢に挑戦した報告書もあり, 調査者の姿勢は十分評価に値する。その代表として, 長野県岡谷市の橋原遺跡 (弥生後期) の記述を紹介する。発掘は1978年から始まり, 調査成果は1981年に正式報告されている[14]。そのなかで60号竪穴は, 主柱穴4本の平面形が偏楕円形で, 掘形はそれより楕円形に近く, 柱穴に詰められていた覆土層の観察から「板材を用いて柱としていることが明らかである」と看破された。ちなみに1981年時点では, 山梨県金の尾遺跡の報告書は未刊で, 板状材の実測図はまだ公表されていなかった。柱穴に詰められていた覆土層から推測する視点は, さきにあげた"主柱穴の底面の平面形"を重視する視点と通底している。

　1990年代になると, 主柱穴の平面形から「割り材」「板材」を据えていた可能性を指摘する報告書がさらに散見できる。たとえば1993年刊の長野県下伊奈郡の丹保遺跡[15], 1995年刊の群馬県高岡市の中瀬観音山遺跡[16], 1996年刊の長野県茅野市の家下遺跡[17]など。その一つ中瀬観音山遺跡の報告書ではきわめて意欲的に取りくまれ, 件(くだん)の柱痕 (土層) 資料は「板材主柱穴」と称してきちんと報告されていた。しかしながら, 多くの調査報告書は, 「超長方形」の主柱穴が規則的に配置されていても, 柱の形態が「丸柱」以外ではないか, と積極的に思慮をめぐらすことはなかった。

　研究史的に整理するならば, 1987年に山梨県金の尾遺跡の報告書が刊行され, 板状の柱材=五平 (状) 柱の良好な実物資料が公開された。この時点をもって「金の尾以前」と「金の尾以後」に峻別できよう。

　ここまでは前段にあたる, 五平 (状) 柱の研究史的側面や, それを認識す

4. 実物・炭化材・柱痕資料から柱の形態などを復元する

わたしが手許の調査報告書などから，実物資料・炭化材資料で五平（状）柱の存在が確認できた事例は決して多くない。2009年12月時点では，山梨・神奈川・長野県下の6遺跡のみ（第1表）。このうち，後でふれる長野県佐久市の川原端遺跡[18]だけが古墳時代（7世紀後半）で，それ以外は弥生時代後期が主体である。以下，特徴的な事項を(1)～(4)にわけて記しておく。

(1) 確認された柱の寸法・特徴など

まず柱の寸法。結論的には扁平な材，言いかえれば板材に近い事例がある。山梨県境沢遺跡3号竪穴からは，4本の実物資料が発掘されているが，平均値では19.6 cm×5.1 cm（比率3.8対1.0）。境沢遺跡6号竪穴からは，3本の実物資料が発掘されているが，平均値は19.6 cm×4.8 cm（比率4.1対1.0）。つまり約20 cm×5 cm（比率4対1）が基本型であって，山梨県身洗沢遺跡2号竪穴例でも同じサイズであった。さらに金の尾遺跡例は，同じ比率4対1でも寸法は一段と小形化し，20号竪穴の5本の柱材の平均値は，13.5 cm×3.1 cm（比率4.4対1.0）であった。

扁平な柱と関連しているかも知れないが，身洗沢遺跡2号竪穴の場合，先端部は幅3.7 cmの鉄製工具で全面的に削り込み，柱材の先端部はやや尖るように削る。その先端部を柱穴底面からさらに打ち込む，いわゆる「打ち込み式」で，構造的な堅牢性を維持した。打ち込む深さは，柱穴底面から18 cm前後で，工具で削り込まれた長さに対応する（第1図5）。

同じ扁平の板状柱は，群馬県中高瀬観音山遺跡・長野県北一本柳遺跡Ⅲ区から発見された柱の痕跡（土層）資料でも確認できる。中高瀬観音山遺跡の報告書でいう「板材主柱穴」は，長辺40～50 cm前後×短辺7～10 cm前後（比率4～6対1.0前後）の痕跡である。最近，長野県北一本柳遺跡の資料を調査関係者の御厚意で図面・写真を拝見した。一部に真正の五平柱が含まれるが，多くは中高瀬観音山遺跡の事例にちかい印象であった。すなわち中高瀬観音山遺跡・北一本柳遺跡の柱痕（土層）資料は，境沢遺跡・金の尾遺

第4章　五平(状)柱を主柱穴に据えた弥生期の竪穴住居跡

跡の実物資料に較べると長辺が2倍近く，厚みもある大形・扁平な五平（状）柱であった。

一方，南関東の事例は若干様相が異なっている。歳勝土遺跡Y7号竪穴から発掘された炭化材資料は，16.6 cm×9.7 cmで真正の五平柱である。東京都大田区の久原小学校内遺跡12号竪穴からは，4本の炭化材資料が発掘され，最も太いP1は直径26 cm前後の丸柱であるが，P2〜4の柱材は14 cm前後の角柱である[19]。ただし，角柱が確認されたP2〜4柱穴の"底面の平面形"は五平柱の据えつけが十分に想定できる超長方形タイプであった。このように主柱穴底面の平面形と，柱の形態との相関性に齟齬があることも承知しておく必要がある。

ただ一つ，明確な古墳時代7世紀後半の竪穴事例である長野県川原端遺跡21号竪穴の場合は，炭化材資料から4本の主柱穴のうち，P2とP4は直径20数cmの丸柱で，P1とP3は平均値で51 cm×18.5 cm（比率2.7対1）の五平（状）柱であることが確認できる。久原小学校内遺跡と川原端遺跡の事例では，地域と時期がいちじるしく異なっているものの，一つ竪穴の主柱材でも異なる形態の柱を据えることがあった点では共通している。今後，類例に注意する必要がある。

第1表　実物・炭化材資材が得られた事例

（単位：cm）

遺跡名・住居番号	柱穴番号	柱材の長・短辺長(比率)	柱材の遺存長	備考
山梨県・境沢遺跡 3号竪穴	p1	20.5×5.6 (3.7：1.0)	43.3	
	p2	20.8×6.1 (3.4：1.0)	50.0	
	p3	19.2×3.9 (4.9：1.0)	59.8	
	p4	17.7×4.8 (3.7：1.0)	57.1	
〃 6号竪穴	p1	19.7×4.0 (4.5：1.0)	60.5	
	p3	17.0×5.7 (3.0：1.0)	50.0	
	p4	22.0×4.6 (4.8：1.0)	60.0	
山梨県・金の尾遺跡 16号竪穴	p5	17.0×5.0 (3.4：1.0)	50.0前後	
〃 20号竪穴	p1	12.0×2.0 (6.1：1.0)	44.5	
	p2	12.4×3.8 (3.3：1.0)	46.3	
	p3	16.0×4.0 (4.0：1.0)	60.0	
	p4	14.0×3.8 (3.7：1.0)	52.0	
	p6	13.0×2.0 (6.5：1.0)	57.4	
山梨県・身洗沢遺跡 2号竪穴		17.5×4.7 (3.7：1.0)	73.6	先端部尖らせる。打ち込み式
神奈川県・歳勝土遺跡7号竪穴		16.6×9.7 (1.7：1.0)	85.0	
東京都・久原小学校内遺跡12号竪穴	p1	26.0×26.0 (1.0：1.0)	78.0(柱穴深さ)	丸柱か
	p2	13.0×12.0 (1.1：1.0)	69.0(〃)	角柱
	p3	16.0×15.0 (1.1：1.0)	70.0(〃)	角柱
	p4	15.0×12.0 (1.3：1.0)	52.0(〃)	角柱
長野県・川原端遺跡 21号竪穴 ※古墳時代 (7世紀後半)	p1	54.0×18.0 (3.0：1.0)	60.0(〃)	五平(状)柱
	p2	28.0×24.0 (1.2：1.0)	70.0(〃)	丸柱か
	p3	48.0×19.0 (2.5：1.0)	50.0(〃)	五平(状)柱
	p4	24.0×24.0 (1.0：1.0)	50.0(〃)	丸柱か

(2) 五平（状）柱に加工された柱の樹種など

　五平（状）柱の実物・炭化材資料は限られているし，柱痕（土層）資料から直接的には柱の樹種を同定することは困難であるから，柱材の樹種同定は容易ではない。しかし，良好な事例がないわけではない。

　神奈川県茅ヶ崎市の下寺尾西方 A 遺跡の Y3 号竪穴（宮ノ台期）の焼失竪穴から発掘された五平（状）柱の炭化材は，コナラ節と同定されている[20]。

　最も良好な事例は，焼失住居跡が多数発掘された中高瀬観音山遺跡にある。足の踏み場もないほど炭化材が発掘された 75 号大形竪穴（第 7 図 1）の場合，53 点の材が鑑定され，うちクリが 37 点（70％）も占めた。柱痕（土層）資料は直接鑑定できないが，床面における材木類の散乱状況から，75 号竪穴の主要な柱材がクリ材であったことは間違いなかろう。柱痕（土層）資料から寸法を測定してみると，長辺 50 cm × 短辺 9 cm（比率 5.5 対 1.0）前後の板材で，極太の丸材を細工した「超五平（状）柱」とでも称すべきであろう。

　一方，中高瀬観音山遺跡の古墳時代の竪穴の場合は，クヌギ節で 90％を独占していた。明らかに使用木材の変更があった。縄文時代の竪穴でも，前期以降は圧倒的にクリ材の立柱（丸柱・半裁柱）が多く，弥生時代にもその伝統が継承されていた一面を知ることができるが，古墳時代を含めた分析にはもっと多くの事例集成が必要である。

(3) 五平（状）柱に加工する工具などを推測する

　山から伐り出し集落内に運びこまれた柱を，どのような工具と順序で五平（状）柱に仕上げていったのであろうか。このあたりも興味がそそられる。

　柱の寸法と工具など。ふれてきたように中高瀬観音山遺跡 75 号大形竪穴では，長辺 50 cm × 短辺 9 cm 前後の板材が，また後でふれる神奈川県三浦市赤坂遺跡 5 号大形竪穴では，長辺 50 cm × 短辺 30 cm 前後の真正な五平柱が想定される。このような長大な柱を加工するためには，太くて丸い形態の一木材を大きく割り裂かなければならない。おそらく木目にそって，カシのような硬質の材を加工した楔を打ち込み，掛矢のような重い木槌状のもので上から思い切り叩き割ったものであろう[21]。これが「大割」。それをさらに数 cm の厚さの「小割」にする。当然，高度な技術力を必要としていた。

第4章　五平(状)柱を主柱穴に据えた弥生期の竪穴住居跡　53

小割にされたその後の作業には，各種の鉄製・石製工具を使用した。身洗沢遺跡・境沢遺跡などの柱材削り痕（第1図3・5）から推測すれば，仕上げの工具は鉄鉋や鉄斧であろう。神奈川県高座郡寒川町の倉見才戸遺跡からは，五平（状）柱を据えた大形竪穴が3軒発掘されている。その一つ Y6号竪穴（第2図左・中期宮ノ台期）からは，大陸系磨製石器類の太型蛤刃磨製石斧1，有角石斧1，柱状抉入片刃磨製石斧2，片刃磨製石斧2（第2図1～6）のほか，鉄器として鉄鉋1（第2図12），鉄斧2（第2図13・14）の優品が発掘されている[22]。鉄斧は小型品であるが，完形の優品。良好な類例は，大形竪穴が発掘された神奈川県赤坂遺跡からも発掘されている。鉄鉋の刃部長は8.9cm，幅2.6cmで，先端こそ円形であるが，使用方法はヤリガンナと同じように，長め木柄を付けて，腰や腕に力をためて前後に押して削ったものであろう。

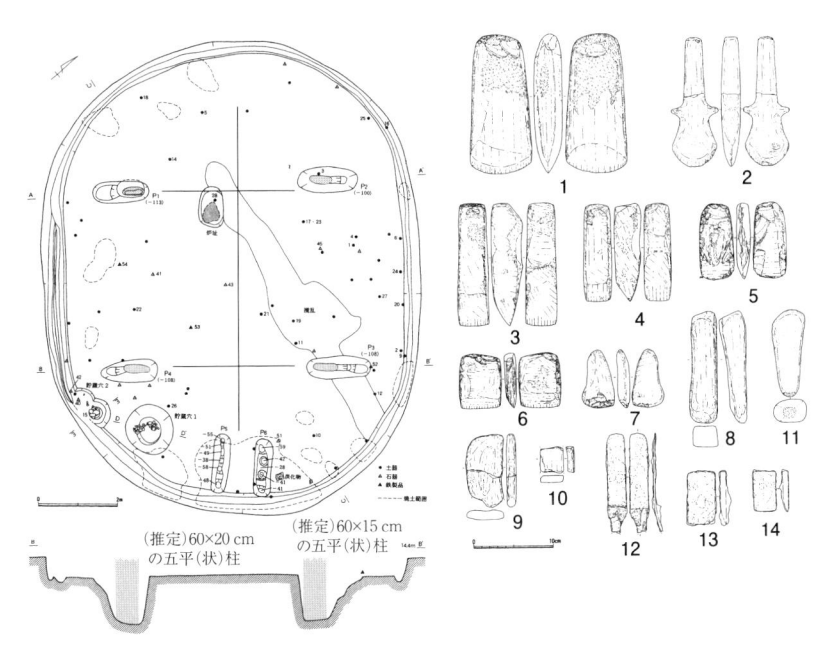

第2図　神奈川県高座郡倉見才戸遺跡 Y6号竪穴(左)と石器・鉄器類(右)
1：太型蛤刃磨製石斧　2：有角石斧　3・4：柱状抉入片刃磨製石斧　5・6：片刃磨製石斧
7：礫器　8～11：砥石　12：鉄鉋（推定）　13・14：鉄斧（片刃）

ヤリガンナで削ると、表面の肌の木目が潰されるので、肌ざわりは台ガンナの比ではなく、水をかけても弾き飛ばすという。柱の滑らかな表面仕上げに、必須の工具であった。とくに床面の上部と柱材が接する箇所は、湿気で劣化が進行しやすいので丁寧な仕上げを必要としていた。

　2009年3月、富山県小矢部市の桜町遺跡（縄文後期主体）から発掘された木材などを親しく観察する機会を得た[23]。そこで同遺跡から発掘された、長さ8.1cm、幅2.8cm、厚さ2.0cmの木製楔をまぢか見ることができ、心底感動した。とくに頭部は強く叩かれた痕跡が明らかであった。傍らに置かれた大きな板状の木材からは、楔を打ち込んだ際に生じた凹状の痕跡が明瞭に観察できた。勿論、凹面は楔の寸法に照合する。弥生時代に発達した各種の木工技術は、このような縄文時代からの木工技術を基盤にして脈絡していることは間違いなかろう。

　奈良県御所市の極楽寺ヒビキ遺跡（5世紀前半）、奈良県奈良市の西隆寺（年輪年代AD265）、奈良県橿原市の藤原宮（5世紀代）などからは、五平（状）柱を据えた掘立柱建物跡が発掘されている[24]。極楽寺ヒビキ遺跡の柱は、長辺が太く60〜80cm余もあるので、柱を割り裂く工具は、弥生竪穴の場合とは異なっていたかも知れない。鋸の目立てを生業としてきた吉川金次の実体験から、6世紀代の鉄製鋸でも挽き目に楔を入れ、叩きながら広げて縦挽きすれば、アセリ（互い違いの刃）やナゲシ（歯の刃）がなくても、断面は鉋で削ったように綺麗に仕上がるという[25]。極楽寺ヒビキ遺跡の五平（状）柱は、鉄製の鋸で挽かれていた可能性も考慮する必要があろう。

(4) **主柱穴の形状から復元できる五平（状）柱の形態を考える**

　前段までは、実物・炭化材・柱痕（土層）資料の場合である。しかしそれは稀で、多くは床面で確認できる主柱穴の上縁部形状、底部の平面形などから総合的に推測する。では、主柱穴の平面形状からは、どのような五平（状）柱が復元できるであろうか。手許の資料から現時点では、つぎの三類型に分けられる。

　Ⅰ型（第3図1）――主柱穴上縁の平面形状は超長方形、ないしは長楕円形・楕円形であっても、柱穴底部にむけて徐々に細長くなり、結局は底部形

第4章 五平(状)柱を主柱穴に据えた弥生期の竪穴住居跡 55

1. Ⅰ型
（境沢遺跡6号竪穴）

2. Ⅱ型
（江原台遺跡6号竪穴）

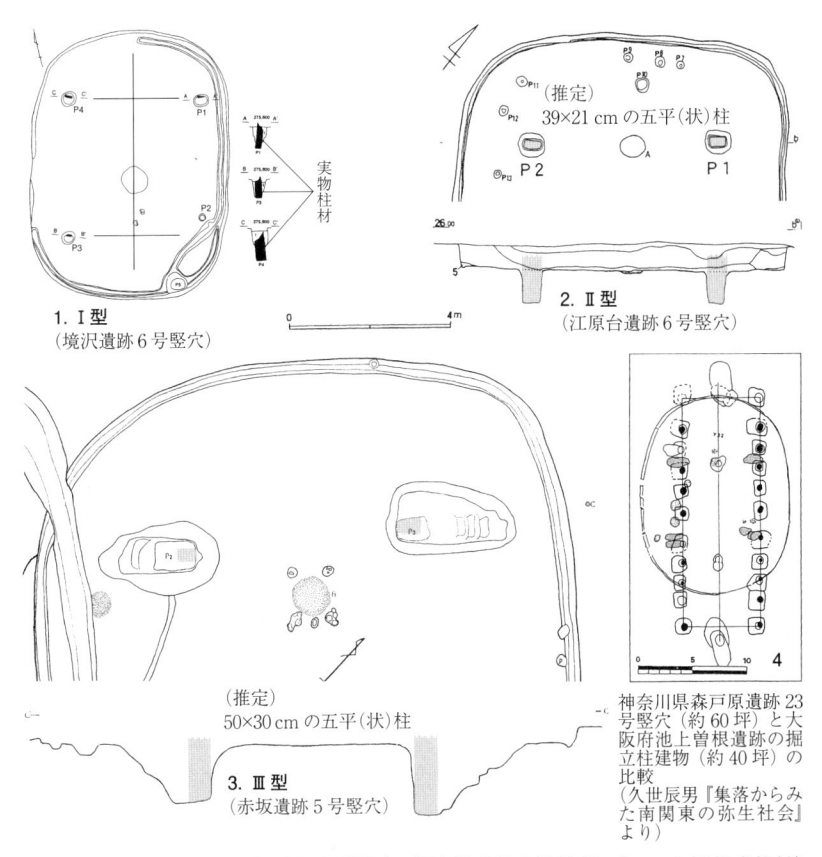

3. Ⅲ型
（赤坂遺跡5号竪穴）

神奈川県森戸原遺跡23号竪穴（約60坪）と大阪府池上曽根遺跡の掘立柱建物（約40坪）の比較
（久世辰男『集落からみた南関東の弥生社会』より）

第3図　主柱穴の形状三類型と大型竪穴・堀立柱建物の比較（2・3：アミは推定柱材）

状が（超）長方形になる類型。柱穴底部の縦・横長が，直上に据える五平(状)柱の寸法にほぼ対応していよう。柱穴底部の長短辺比率は，短辺1.0に対し長辺1.9以上が目安。そうした主柱穴が3本以上あれば，五平(状)柱が据えられた竪穴として推測することにした。事例数では，主体を占める。柱穴の底部に据えた柱は，埋め土を強固に叩いた，いわゆる「版築的な技法」で固定する。柱穴の底部からさらに深く打ち込む「打ち込み式」の立柱も確認されている（第1図5・身洗沢遺跡例）。

　強固な埋め土の観察から，柱は「板材」ではないか，と看破された橋場遺

跡60号竪穴のP3埋め土の土層から，その「板材（推定）」の寸法を復元してみると，29.7cm×7.0cm（比率4.2対1.0）となる。これは境沢遺跡・金の尾遺跡の実物資料よりも大形であるが，比率の上では4対1となり類似している。

Ⅱ型（第3図2）——床面に掘られた主柱穴の掘形形状が，長方形・超長方形でほぼ垂直，かつ規則的に掘られている類型。勿論，"主柱穴底面の平面形"が第一義の判断基準で，この点ではⅠ型と共通する。長方形掘形の典型例としては，千葉県佐倉市の江原台遺跡[26]，東京都町田市の向上遺跡[27]など，また超長方形掘形例としては，前記した神奈川県横浜市の中里遺跡などがあげられる。

長方形掘形を掘削する際の特徴としては，① 壁の立ち上がりが垂直に近い，② 四隅の角度がシャープで直角に近い，③ 壁が滑面状に仕上げされている，などが顕著である。扁平な刃部をもつ鉄製工具とか，磨製石斧などの使用が想定できる。おそらく事前に五平（状）柱に細工された材が現場に用意されていて，そのサイズに合わせるようにして柱穴が掘られたのであろう。つまり柱を「嵌入式（ソケット）な技法」で固定する方法である。この掘削法の利点は，埋め土で堅く固定するⅠ型に較べ，各壁体自体に柱を固定する機能が負荷できる点にある。とするならば，主柱穴の平面形状は，柱の寸法をほぼ忠実に反映していよう。その前提にたつと，江原台遺跡6号竪穴の主柱穴4本の平均値は39cm×21cm（比率1.9対1.0），向上遺跡第2号竪穴の主柱穴4本の平均値は37cm×19cm（比率1.9対1.0）。双方のサイズはいちじるしく類似しており，真正な五平柱が想定できる。

なお，Ⅱ型には向上遺跡第1号竪穴のように，柱穴底面から床面に向けた1/2～1/3前後の高さから，一気にラッパ状に開く，Ⅰ型とⅡ型の折中型もあるが，類例も少ないのであえて現時点では細分しないことにする。

一方，超長方形な掘形の中里遺跡例は，床面上縁部のサイズから，30～60cm×10数cm（比率4対1前後）の五平状に細工された扁平柱材が据えられていたものと推測できる。

Ⅲ型（第3図3）——五平（状）柱を据え付けた竪穴が，大形規模のものに

第4章　五平(状)柱を主柱穴に据えた弥生期の竪穴住居跡　57

偏向する傾向があることはすでにふれた。そうした大形住居のなかに、当然長大な主柱穴の掘形があり、それをⅢ型とする。

　神奈川県横須賀市の佐原泉遺跡から発掘された33号竪穴（宮ノ台期）は拡張住居で、最大規模が12.5m×10.4mをはかる超大形住居（第1図4）であった[28]。竪穴の規模に比例するように、床面の四隅に掘られた主柱穴4本のサイズも超ビックであった。床面上縁部の計測では、長辺平均2.8m×短辺平均1.7m（比率1.7対1.0）。柱穴の底面でも、長辺平均1.0m×短辺平均0.5m（比率2.0対1.0）を計測する。柱穴の底面径と同寸の柱を据えたとは思われないが、仮に1/2前後でも50cm×25cmとなり、極太の柱であることにかわりがない。柱穴の深さも1.2mあり、巨大な柱の据えつけに相応しい。当然、芯持ちの巨木材を鉄製工具で削ったのであろう。

　もう一例をあげよう。神奈川県三浦市の赤坂遺跡から発掘された5号竪穴（宮ノ台期）はさらに大形で、15.0m×12.2m（面積150m^2・45坪）を計測する[29]。床面の四隅に掘られた主柱穴4本のサイズは、床面上縁部で、長辺3～3.5m×短辺1.7～2.2m、深さ1.5～1.7mであった。柱穴の底面は、長辺平均0.96m×短辺平均0.6m（比率1.6対1.0）を計測した。仮に柱が柱穴底面径の1/2前後でも50cm×30cm前後となる。逆説的にいえば、これ以下の柱寸法であれば、柱穴の底面をわざわざ1mも掘る必要性は生じてこない。加えて、柱穴の底面部分が4本とも住居の主軸側に寄せられているので、柱の短辺を主軸側の柱穴壁に添わせ、そのあと三方向から掘形内を版築状に搗き固めたものであろう。現に掘形の壁側は、階段状に踏み固められ、柱穴の底面から何回にもわたって排土する作業風景を髣髴とすることができる[30]。報告書には、巨大な柱は「角材が想定される」とあるが、その理由についてはふれられていない。

＊　　　　　　　　　　　　　＊

　実物・炭化材・柱痕などの「直接的な資料」と、主柱穴の平面形などの「間接的な資料」から得られた資料をもとに、弥生期における竪穴の五平(状)柱の特徴を整理してみる。

　(1) 柱の寸法には、長辺×短辺の比率が2対1前後になるような真正の五

平柱と，5～4対1前後になるような五平（状）柱がある。勿論，その中間タイプも存在する。これらには地域性や時間的な前後性が予測できるが，現時点では軽々に判断できない。

(2) 五平（状）柱の実物資料には，長辺が20cm前後（境沢遺跡例）のものと，13cm前後（金の尾遺跡例）のものが確認されているが，中高瀬観音山遺跡75号大形竪穴や北一本柳遺跡Ⅲ区の柱痕（土層）資料を参照すれば，長辺が40～50cm前後の柱も確実に存在する。

(3) 柱に使用された樹種は，クリが圧倒的に多い（中高瀬観音山遺跡75号大形竪穴）が，この問題についてはさらに多くの資料の累積が必要である。

(4) 伐り出した材の「大割」・「小割」には，楔を打ち込み，掛矢のような重い木槌状のもので割り裂いたものであろう。最終的な仕上げには，鉄鉋や鉄斧などを使用していた。

(5) 主柱穴の形状から復元できる掘形には，Ⅲ類型がある。Ⅰ型は，柱を据えた柱穴底面からラッパ状に開いて床面の上縁部に達するタイプ。柱穴内は「版築的な技法」で硬く埋め戻す。Ⅱ型は，掘削された掘形の平面形が，据える柱の形態・寸法を示唆しているタイプ。柱は「嵌入式（ソケット）の技法」で据え，立柱後は四壁にも相応の負荷を加えることができる。Ⅰ・Ⅱ型の柱の形態・寸法は，実物・炭化材・柱痕（土層）資料とも大同小異であるが，Ⅲ型は竪穴の規模が大形であるだけでなく，主柱穴の規模も超ビックとなる。建てた柱の長辺は50cm，短辺も30cm前後はあったであろう。柱穴の深さが，床面から1.5m前後というのも柱の寸法に合致している。極めて巨大な柱が据えられていたことは，疑う余地がない。

5．五平（状）柱が据えられた竪穴群が織りなす集落跡の風景

五平（状）柱を据えた竪穴が，集落内でも大形住居跡に偏向することは，2編の旧稿で指摘してきたが，事例数が増えた現時点でもそうした史実は変わらない。旧稿では，神奈川県横浜市の三殿台遺跡，同市開耕地遺跡・観福寺北遺跡を俎上にのせ解析してきた。以下，旧稿の記述と重複する部分もあるが，新資料をまじえながら，五平（状）柱を据えた竪穴群が織りなす集落

(1) 神奈川県横浜市三殿台遺跡の場合 (第4図)

　本遺跡は1961年夏に発掘された国史跡の遺跡である[31]。弥生期の主体は，中期の宮ノ台期から後期の弥生町期にあった。各時期の竪穴に，本論の3節であげた根拠をもとに，五平（状）柱を据えた竪穴と判断できる住まいをプロットしてみた。その結果，中期末の宮ノ台期では，三殿台遺跡で最大規模の長辺13.7 m×短辺11.8 m（面積134 m²・41坪）を計測する306-C号竪穴を基点に，集落の南側にかたまって展開する様相がよくみてとれる。ただし306-C号竪穴の主柱穴4本は，先に分類したⅢ型ほどビックではない。一方，同時期の小形住居跡の場合は，一様に丸柱であった。

　後期の久ケ原期・弥生町期でも五平（状）柱の据えつけが想定できる事例は確実に存在し，とくに久ケ原期では大形住居跡を含め，宮ノ台期とほぼ類似した集落景観が描ける。しかし弥生期終末期の前野町期になると，突如，大形住居跡は姿を消し，それに呼応して五平（状）柱の据えつけが想定できる竪穴も，三殿台集落から一斉に姿を消している。

(2) 神奈川県横浜市開耕地遺跡・観福寺北遺跡の場合 (第5図)

　調査年・調査機関が別個のため遺跡名はことなるが，実態的には一遺跡である[32]。集落跡の相関性を容易にするため，両遺跡の遺構図を1葉に改変してみた。

　開耕地遺跡の調査者の田村良照の御協力で，弥生後期中葉（久ケ原・弥生町期の交前後，朝光寺原期の最盛期）の竪穴を選び，その中から五平（状）柱の据えつけが想定できる竪穴をプロットしてみた。その結果，最大規模の開耕地遺跡第1区6号竪穴を基点にした集落景観は，三殿台遺跡のそれと類似する。加えて五平（状）柱の据えつけが復元できる竪穴は，規格性がきわめて顕著である。たとえば観福寺北遺跡の21・25・28・29・35号竪穴は，① 長辺10 m×短辺8 m前後の規模，② 主柱穴の床面上縁部は，長辺1.4 m×短辺0.65 m前後，③ 出入り口部には，80 cm前後の幅をあけて，小柱穴を数本を穿った溝2本を平行的に並べる，など。こうした統一的な設計仕様は，後でふれるが，五平（状）柱の文化を理解するうえで看過できない。

60

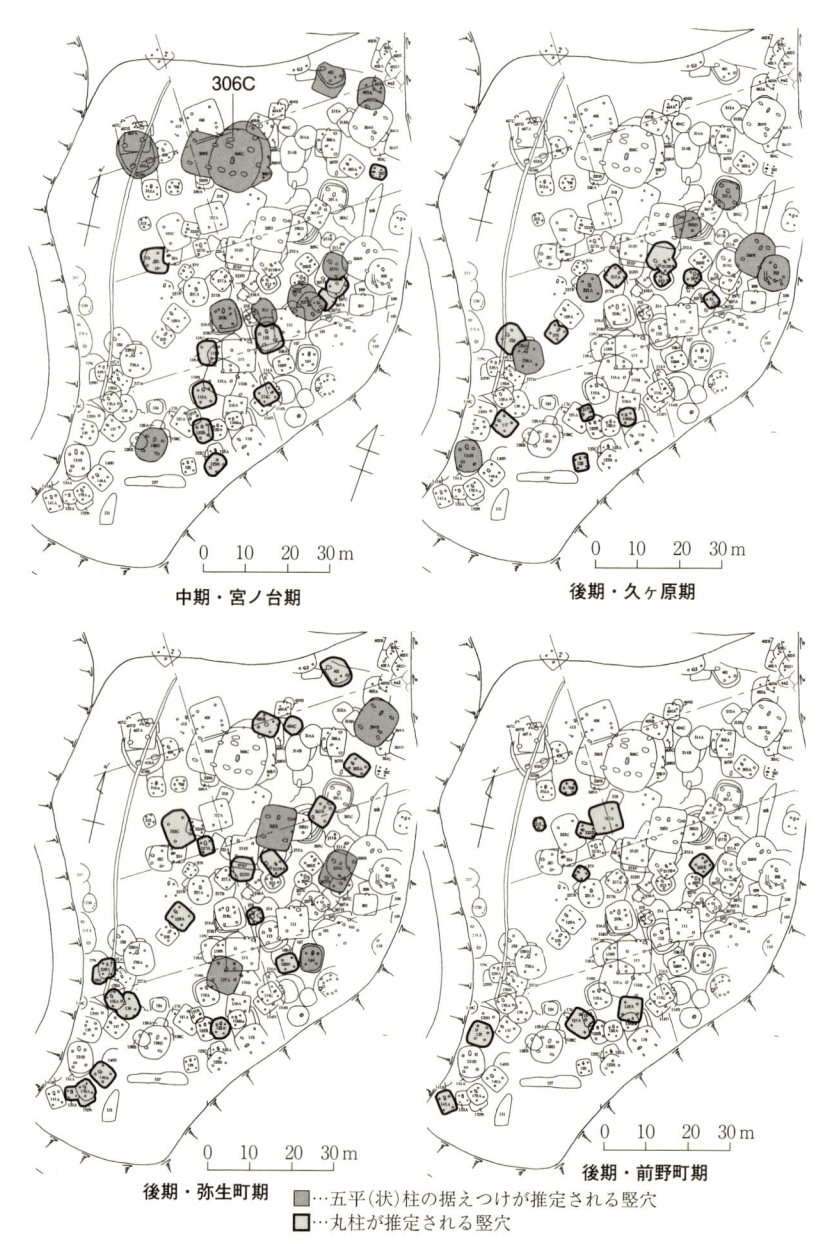

306C

0 10 20 30 m
中期・宮ノ台期

0 10 20 30 m
後期・久ヶ原期

0 10 20 30 m
後期・弥生町期

0 10 20 30 m
後期・前野町期

■…五平(状)柱の据えつけが推定される竪穴
□…丸柱が推定される竪穴

第4図　神奈川県横浜市三殿台遺跡の中・後期集落変遷図

第4章 五平(状)柱を主柱穴に据えた弥生期の竪穴住居跡 61

第5図 開耕地遺跡と観福寺北遺跡の合成実測図
アミのかかった竪穴：五平(状)柱を据えた後期中葉期の竪穴。

(3) 群馬県高岡市中高瀬観音山遺跡の場合（第6図）

　北関東の典型的な様相は，群馬県高岡市の中高瀬観音山遺跡からみてとれる[33]。類似の様相は，碓氷峠を越えて接する長野県佐久市の西近津遺跡群や北一本柳遺跡Ⅲ区などでも確認できる。しかし，西近津遺跡群と北一本柳遺跡Ⅲ区はまだ正式報告がされていないので，ここでは中高瀬観音山遺跡の中央尾根上地区（以下，中央尾根上地区は省略）の成果から概観する。

　弥生後期の集落跡で，発掘された84軒の竪穴の時期は，1～7期に分けられる。1期9軒，2期11軒，3期12軒，4期9軒，5期18軒，6期12軒，7期13軒で，後期後半の5期における膨張が特筆される。報告書では竪穴の

規模を,極小形・面積 10 m² 以下・5 軒,小形 11～20 m²・24 軒,中形 21～40 m²・46 軒,大形 41～60 m²・10 軒,極大形 61 m² 以上・4 軒に分類する。21～40 m²（6～12 坪）の中形竪穴が,支配的（52%）である。極大形の竪穴 4 軒の規模は,上位から 74 号竪穴（4 期）・94 m²（28 坪）→ 208 号竪穴（5 期）・84 m²（25 坪）→ 66 号竪穴（3 期）・81 m²（25 坪）→ 75 号竪穴（7 期）・65 m²（20 坪）の順となる。14 号竪穴（5 期）は斜面に構築されたため長辺が確認されていないが,10 m 前後はあったと思われるので,極大形の竪穴に含められる。

　極大形の竪穴は,3 期に入ると出現し 7 期にまでつづき,原則的には集落内に 1 軒であった。ただ最盛期の 5 期には,208・14 号竪穴の 2 軒あった可能性がたかい。極大形竪穴は,調査区のほぼ中央部と北側の間を時期にあわせて反復する。が,本集落はさらに北側斜面上方に拡散していたと思われる。極大形竪穴は,おそらく集落跡のほぼ中央部に位置しつづけ,その周辺に小～大形竪穴群などが衛星的に散在する風景が復元できる。

　このような集落景観のなかに,五平（状）柱の据えつけが想定できる竪穴が多数存在する。大形・極大形の竪穴に五平（状）柱の据えつけが想定でき

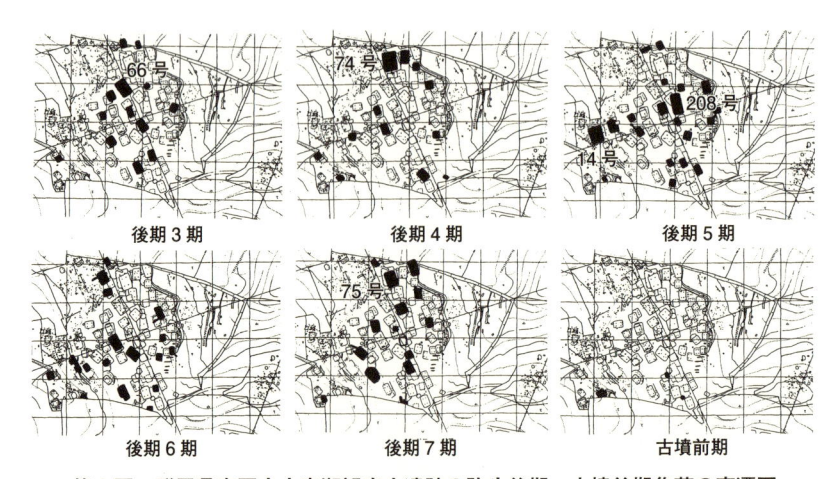

第 6 図　群馬県高岡市中高瀬観音山遺跡の弥生後期～古墳前期集落の変遷図
（図中の竪穴番号は,極大形竪穴を示す）

る事例が集中する点では,他の集落跡の様相と共通する。しかし本集落跡では,中形規模の70・93・140・153・218号などからも,五平(状)柱の据えつけが想定できる。これは他の集落跡からはあまりみてとれない様相であり,北関東・信州東部地域における特徴であるのかも知れない。

＊　　　　　　　　　　　　　＊

近年,横浜市日吉台遺跡群中のA地区からは,長辺11.7m×短辺9.6mをはかる長方形の大形住居跡[34],川崎市野川神明社南遺跡からは長辺17m×短辺(推定)10m(推定面積・50坪前後)をはかる大形竪穴[35]などが発掘され,それらはいずれも五平(状)柱を据えつけ,その周辺に規模を小形化した竪穴群が散在する。ちなみに野川神明社南遺跡36号竪穴は,横浜市森戸原遺跡23号竪穴の17.8m×13.6m(約60坪),長野県佐久市西近津遺跡の18.0m×9.5m(面積153 m^2・46坪)などに比肩する。これらの大形竪穴は,弥生神殿と比喩された大阪府和泉市の池上曽根遺跡の大形掘立柱建物跡と比較しても,遜色のない規模であることを確認しておきたい(第3図4)。

6. 五平(状)柱が据えられた大形竪穴の構造復元への試み

五平(状)柱の据えつけが想定できる竪穴論で避けてとおれないのが,真正の五平柱にしろ,極端に扁平な五平(状)柱にしろ,それを主柱に据えた仕様で本当に構造力学的に耐えられるのか,という疑念である。しかもみなムラのなかでも大形の竪穴ばかりに集中する。この疑念を払拭することは容易でないが,さいわい群馬県高岡市の中高瀬観音山遺跡の火災家屋第75号が,石井榮一(古建築復元技師)によって復元的に考察されている[36]。必要な箇所を紹介しながら,若干の私見を加えたい(第7図)。

(1) 構造力学的な耐用性を考える

最大の関心事である五平(状)柱で構造力学的に耐えられるのか,という疑念に対して石井は,五平柱は梁方向の水平応力を補うために短軸(短辺)にあわせて長辺を向けた,つまり長軸に較べて短軸方向は水平応力に対して弱いからであるという。また竪穴は,柱を地中深く埋めて周囲の土で搗きかためるいわゆる「固定端」であるから,玉石の上に柱を建てる近世以降の

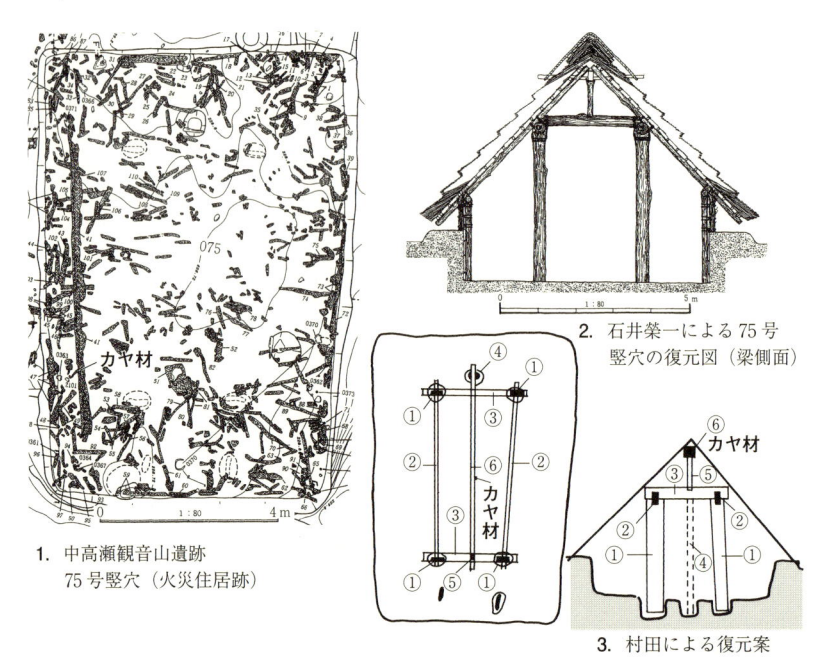

1. 中高瀬観音山遺跡
   75号竪穴（火災住居跡）

2. 石井榮一による75号
   竪穴の復元図（梁側面）

3. 村田による復元案

第7図　群馬県高岡市中高瀬観音山遺跡75号竪穴関連図

「石場立て」と違って，梁や桁に複雑な組み手を使わなくとも，屋根自体の垂直荷重で支えることができる。しかも，短軸方向に五平柱を据えれば，弱点とされる水平応力にも耐えられるという。

　ただ復元にあたって，竪穴側壁沿いの側柱穴に柱を立て，そこに側桁を乗せ，外壁が立つ壁立て構造にしている点は，若干疑問に思う（第7図2）。石井が指摘された五平柱の構造原理を根拠にすれば，屋根の仕舞いは，壁の外周堤上に垂木を埋めるいわゆる「地葺き」，宮本長二郎がいう「伏屋式系」であった方が，倒壊しようとする水平応力に対して耐用性があり，構造原理的にもよりかなっていると思っている（第6図3の右）。

　さきに長大な主柱穴の掘形を，Ⅲ型として分類した。代表選手格の佐原泉遺跡や赤坂遺跡から復元できる巨大な柱は，小さめに想定しても直径50cm×30cm前後もある極太柱。柱穴の深さも1.5m前後で，巨大柱の立柱に相応しい。よってⅢ型の極太柱を据えた大形竪穴の場合は，Ⅰ・Ⅱ型竪穴

のような「地葺き」の伏屋式系にこだわる必要はなく，壁立式の堅牢な家屋であったと推測する。柱材と梁材・桁材との取りつけも，材に柄穴を設けて強固に結縛するなど匠の技量が凝らされたことであろう。そこには個別家屋の堅牢さを競う発想を超えて，周辺集落で共有する公的な機能性とか，祭祀的な側面などを垣間見ることができる。現に佐原泉遺跡の大形竪穴の奥壁には，溝で2m×1.8mの方形に区画された一角がある（第1図4のアミ部分）。おそらくそこは，束柱上に板張りされた特別な祭祀空間であろう。

(2) 棟木や梁材・桁材などの組み立て順を考える

　中高瀬観音山遺跡の75号竪穴は焼失住居跡であり，鑑定された多数の炭化材の70％がクリ材であった。一方，西壁に沿うようにして長さ6.9m，幅24cm×13cm（比率1.8対1.0）の真性五平の大形材が発見された（第7図1）。樹種はこれのみカヤであった。石井は，この長尺材は桁材か棟木以外考えられないとした上で，入母屋造りの屋根であれば破風を設けるため，棟木が梁・桁行よりも外側にでるので，棟木の可能性を推測する。たしかに桁材ならば，なぜ東壁の柱上に据えた桁材が発見されていなのか，また梁材の痕跡がないのも不自然で，石井の指摘に賛同する。おそらく炎上する最終的な段階で，最上段の棟木が西壁沿いに一気に落下し，それが屋根材などですばやく密封されて炭化し，遺存したのであろう。ちなみに，カヤは湿気に強い建築材として知られ，縄文時代には丸木舟の材として重用されてきた。そうした樹種の特性を配慮して，湿気への耐用性が強く求められる棟木に選択されたのであろう。

　主柱の柱材が五平（状）柱ではないが，富山県富山市打出遺跡の弥生時代終末期の火災家屋には建築材が多量に遺存し，床面上には丸太を半裁した桁材・梁材が落下していた[37]。このように棟木とか桁材・梁材は，真性の五平材（中高瀬観音山遺跡）や半裁の丸太材（打出遺跡）で架けたりした。打出遺跡からは，板状に加工された垂木も多量に発見されている。

　これらの所見から，中高瀬観音山遺跡75号竪穴の主柱と梁材・桁材・棟木の構造順を復元してみる（数字は第7図3の①～⑥に対応）。① 主柱として，4本の五平（状）柱を主軸と直交に据える。柱痕（土層）観察から推測して，

長辺50 cm×短辺9 cm前後の「超五平（状）」の板材であろう。柱の先端部は，長軸に対し直角位に凹状の細工をする。② その凹部に噛ませて直交するように桁材2本を架ける。③ その上から梁材2本を架け，フジ・クズなどの蔓状の植物材とか，稲藁で編んだ縄類で結縛する。このように梁材と桁材の順序は，桁材を下にして梁を組む建築用語でいう「京呂組（きょうろぐみ）」で，梁材を下にして組む「折置組（おりおきぐみ）」ではない。④ 奥部寄り中央に円形の柱穴が確認されている。ここに棟木を支える「棟持柱（むなもちばしら）（丸柱）」を建てる。宗教的には破風から出入るカミを迎える「神柱」であろう。⑤ 出入口側の梁材の中央に，棟を支える小束（こづか）を建てる。⑥ 最後に，出入口側の小束，奥側の棟持柱に棟木を架ける。これで上棟となる。

7. 五平（状）柱が据えられた竪穴の地域的・時間的な様相

立論の順序としては正しくないが，ここで五平（状）柱の据えつけが想定できる竪穴が発掘された主要な遺跡をあげ，地域的・時間的な様相を概観してみる（報告書名は省略）。

長野県・岡谷市橋原遺跡　茅野市天狗山遺跡・家下遺跡・構井阿弥陀堂遺跡　駒ヶ根市反目遺跡　伊那市横吹遺跡　塩尻市和手遺跡・上木戸遺跡　佐久市後家山遺跡・北一本柳遺跡Ⅲ区・川原端遺跡　松本市竹渕遺跡Ⅱ　上伊奈郡久保上ノ平遺跡　下伊奈郡丹保遺跡

山梨県・笛吹市境沢遺跡・身洗沢遺跡　甲斐市金の尾遺跡

群馬県・高岡市中瀬観音山遺跡　利根郡十二原Ⅱ遺跡

埼玉県・坂戸市柊遺跡

東京都・大田区久原小学校遺跡　町田市向山遺跡

千葉県・市原市大厩遺跡・加茂遺跡D地点　佐倉市江原台遺跡　袖ヶ浦市美生遺跡群

神奈川県・川崎市長尾台北遺跡・東泉寺上遺跡・末長遺跡第2地点・野川神明社南遺跡　横浜市歳勝土遺跡・大塚遺跡・開耕地遺跡・観福寺北遺跡・稲荷前遺跡・矢崎山西遺跡・綱山遺跡・三殿台遺跡・小黒谷遺跡・朝光寺原遺跡・赤田遺跡群・明神台遺跡・

新羽大竹遺跡・桂台北遺跡・中里遺跡・森戸原遺跡・日吉台遺跡群Ａ区・上谷本第二遺跡　秦野市砂田台遺跡　横須賀市泉遺跡　茅ヶ崎市下寺尾西方Ａ遺跡　三浦市赤坂遺跡　葉山市間門遺跡　寒川町倉見才戸遺跡

　列挙した遺跡は，わたしが手許の報告書からあげた範囲。長野県・神奈川県下に偏向しているが，これは友人らから得た情報が大きい。まだ多数の良好な事例が発掘されていよう。とはいえ，旧稿で指摘した中部高地型と称される櫛描文様の分布域，その系譜下にある櫛描きの簾状文・波状文をメルクマークとする北関東の樽式や，南関東の朝光寺原式の分布域に良好な事例が集中している傾向は動きそうもない。こうした土器分布圏から俯瞰できる特徴の深層には，建築構造的な仕様面から窺えるさらなる真相がある。

　さきに横浜市観福寺北遺跡には，竪穴規模・主柱穴・出入口部の造作に共通する設計仕様があることをあげた（p.59）。そうした出入口部の造作にみられる特徴は，神奈川県寒川町倉見才戸遺跡でも確認できる。同遺跡の大形竪穴第3・5・6号（第2図左）では，出入口部に50〜70 cmの間隔を空けて，小柱穴5〜8本を穿った溝が，竪穴の主軸と平行するように並ぶ。小柱穴に細目の柱を建てて強固に繋げれば，板状の造作物になる。千葉県市原市大厩遺跡で最大の大形竪穴Y44号（宮ノ台期・15×12.5 m）もまったく同じ特徴をもっている。神奈川県横須賀市佐原泉遺跡や，三浦市赤坂遺跡の大形竪穴も同様である。一方，長野県佐久市北一本柳遺跡Ⅲ区の大形竪穴第51号や群馬県高岡市中瀬観音山遺跡の大形竪穴第75号などでは，出入口部から竪穴の主軸と平行するように板状の柱痕跡が確認されている。細目の柱を連結させて板状に造作するか，板材そのものかの違いはあるが，設計仕様は遠く離れたこれらの遺跡においても共通している。近隣のムラの人々が集合した，いわゆる結仕事では到底無理である。それを超えた組織として，きわめて専業化した匠集団のネットワークがあり，彼らの高度な技術的指導がなければ普請を行うことはできなかったことを，明確に示唆していよう。

　上記にあげた遺跡の興亡時期は，現時点では，弥生中期末から忽然と出現し，後期前半が最盛期，同後半には衰微に転じ，古墳時代初頭にはほとんど

消滅している。その終息の様相は、神奈川県川崎市長尾台北遺跡第7号竪穴の主柱穴の観察から、五平（状）柱を据えつけた当初の柱穴を、丸柱が想定できる楕円形の柱穴が切っていることからも確認できる[38]。

8. まとめと今後の課題をあげる

多くの紙数を費して弥生期竪穴の五平（状）柱を論じ、また各章ごとに小括をしてきた。これ以上は屋上屋を架すことになるが、今後の課題を踏まえたまとめを許していただきたい。

(1) 五平（状）柱を据えたと想定される竪穴は、集落の中心部を占拠する大形竪穴に集中する。とりわけ長大な主柱穴掘形「Ⅲ型」には、超大形の柱をすえ、その住まいに公共的ないしは祭祀的な要素が負荷されていたことは十分想像できる。さらに山梨県身洗沢遺跡・境沢遺跡の柱材の削り痕から、最終的な仕上げに鉄斧が使用されたことは明瞭である。よって、「新来の鉄製工具で削った四本柱の家に住まう」ということに、高い社会的なステータス性が象徴された。裏を返せば、ステータス性が競いあえる社会的な環境にあったことに、集落内の大形竪穴に偏向して顕現化した理由があった。だが、弥生終末期以降、傑出した階層が支配する新しい社会の古墳時代へと胎動がはじまると、これに呼応して竪穴の規模は一斉に小形化・統一化され、これまでの住まい造りの個性は急速に喪失し、再び丸柱を据えた小形の竪穴へ回帰していった。当然、集落内からは、主柱穴掘形「Ⅲ型」に象徴されるような、傑出した規模の大形竪穴も消える。

わずかな時間を挟んだ後に、隔絶した場所に設営された居館遺構は、この大形竪穴との脈絡性のなかで捉えるべきであろう。

(2) 古墳時代の竪穴で五平（状）柱を据えた事例は、長野県佐久市の川原端遺跡（7世紀後半）例しか確認できなかった。類例はさらにあろう。

(3) 一方、竪穴と並行的に構築された建物遺構に、掘立柱建物跡がある。静岡県登呂遺跡を久しぶりに訪れたところ、太めの角柱で建てた立派な高床式の建物が復元展示されていた。体験学習を指導していた人の説明では、発掘調査で角柱が見つかり、それが根拠とのこと。東京都渋谷区鶯谷遺跡の弥

生後期の掘立柱建物跡は，柱痕跡から角材の使用が確認されている[39]。

建築史の宮本長二郎によると，弥生・古墳時代の掘立柱建物に使用された柱の実物資料には，1本の柱を床下部は丸柱，床上部は角柱に造り出すものがあるという。その角柱の断面形には五平形と方形があり，弥生後期には五平形から方形に推移したという[40]。そうすると，仮に掘形や柱痕土層では平面形が円形でも，床上部は角柱（五平・方形）である可能性は十分にありうる。建築史からみた所見に照らせば，登呂遺跡のように弥生後期の掘立柱建物跡に角柱の使用はありうるし，五平（状）柱の発見も期待できる。

（4）古墳時代の掘立柱建物跡からも五平（状）柱の実物・柱痕資料が発掘されている。奈良県御所市極楽寺ヒビキ遺跡（5世紀前半），奈良県奈良市西隆寺（年輪年代 AD265），奈良県橿原市藤原宮（5世紀代）などがそれ。うち極楽寺ヒビキ遺跡例は，柱材の長辺が 60〜80 cm，短辺が 10〜15 cm を測るきわめて扁平な大形材である。これらが，弥生時代の五平（状）柱とどのように脈絡するかの議論は，さらに類例の増加をまって慎重にみきわめたい。

（5）逆に，縄文時代の建物遺構のなかに，五平（状）柱の存在を窺わせる要素はないか。たとえば縄文時代の掘立柱建物跡については，高床式の住まいとみる考えが強い。仮に高床の空間で坐臥飲食しようとすれば，梁間に長さ 2〜4 m 前後の幅広の割板材を架けておかなければならない。

わたしは富山県桜町遺跡の建築材をみながら，そのような技術は十分に成熟していたものと直感した。現に長野県北村遺跡の柄鏡形住居址からは，炉の四辺にクリの割板材を敷いた "敷板住居跡"（断じて「敷石住居跡」に非ず）が発掘され，そのほか半裁した丸太材を主柱材にすえた竪穴は幾例か発掘されている[41]。縄文時代の掘立柱建物跡の掘形に，平面形が扁平状のものも散見する。今後は，縄文期の竪穴住居跡からも，掘立柱建物跡からも，五平（状）柱を据えた実物資料や炭化材などが発掘される可能性は期待できる。

しかしながら弥生期のそれとは，鉄器工具や大陸系石器の使用を含め，社会的な背景はあきらかに異なっている。伝統と革新，それらが幾重にも混淆としながら文化は流転する。その謎解きに，五平（状）柱の研究が裨益できないものか。今後は，西日本や朝鮮半島の情報も渉猟しながら，ささやかな

研究を続けていきたい。

註

1) 村田文夫 2006「竪穴住居から発掘される五平(状)柱に関する研究序説―弥生時代・南関東地方を中心とした事例から」『考古学の諸相Ⅱ』坂詰秀一先生古稀記念論文集刊行会

　　村田文夫 2007「竪穴住居跡から発掘される五平(状)柱に関する研究―弥生時代を中心とした事例から」『列島の考古学Ⅱ』渡辺誠先生古稀記念論文集刊行会

2) 村田文夫 2007「東泉寺上遺跡から発掘された五平(状)柱を主柱に据える弥生期の竪穴住居跡」『川崎市宮前区東泉寺上遺跡D地点発掘調査報告書』東泉寺上遺跡D地点発掘調査団

3) 小山道夫・斉藤長生ほか 1970「横浜市港北区新吉田町中里遺跡報告」『昭和44年度横浜市埋蔵文化財報告書』横浜市埋蔵文化財調査委員会

4) 埋蔵文化財研究会 1991『弥生時代の掘立柱建物』第29回研究集会実行委員会

5) 末木 健 1987『金の尾遺跡・無名塚(きつね塚)』山梨県埋蔵文化財センター調査報告第25集、山梨県教育委員会

6) 望月和幸・松本京子 2004『境沢遺跡』御坂町教育委員会(現・笛吹市)

7) 小宮恒雄ほか 1991『大塚遺跡―遺稿編』港北ニュウタウン埋蔵文化財調査報告書ⅩⅡ 横浜市埋蔵文化財センター

8) 小宮恒雄ほか 1975『歳勝土遺跡』、港北ニュウタウン埋蔵文化財調査報告書Ⅴ 横浜市埋蔵文化財調査委員会

9) 坂井隆ほか 1995『群馬県高岡市中高瀬観音山遺跡』群馬県埋蔵文化財調査事業団発掘調査報告書第194集　群馬県埋蔵文化財調査事業団

10) 佐久市内の事例については、佐久市教育委員会の森泉かよ子氏から写真・図面及び現地などを御案内いただき、御教示を得ることができた。深く感謝申し上げる。

11) 中山誠二・今福利恵 1990『身洗沢遺跡・一町五反遺跡』山梨県埋蔵文化財センター調査報告第55集　山梨県教育委員会

12) 前掲註8)に同じ

13) 本論でいう真正の五平柱とは、長短辺の比率が1.7～2.3対1.0の範囲を指す。

建築史の宮本長二郎は，長辺に対する短辺の比率が 30〜60％を五平柱とする（宮本 2007『出土建築部材から解く古代建築』日本の美術 400 号）

14) 会田進・武藤雄六ほか 1981『橋原遺跡』郷土の文化財 12　岡谷市教育委員会
15) 上郷町教育委員会 1993『丹保遺跡』上郷町埋蔵文化財調査報告書第 24 集
16) 前掲註 9)に同じ
17) 小池岳史 1995『家下遺跡』・1996『家下遺跡Ⅱ』茅野市教育委員会
18) 森泉かよ子 2001『大和田遺跡群・川原端遺跡』佐久市埋蔵文化財調査報告書第 89 集　佐久市教育委員会
19) 館　弘子ほか 2001『久原小学校内遺跡』大田区の埋蔵文化財第 15 集　大田区教育委員会
20) 井澤　純ほか 2003『下寺尾西方 A 遺跡』かながわ考古学財団調査報告 157　かながわ考古学財団
21) 成田寿一郎 1984『木の匠 ―木工の技術史』鹿島出版会
22) 中村哲也 2004『神奈川県高座郡寒川町倉見才戸遺跡第 1 次発掘調査報告書』倉見才戸遺跡発掘調査団
23) 富山市教育委員会藤田富士夫氏（当時）の御同行を得て，小矢部市教育委員会大野淳也氏から実物資料で詳しい御説明を受けた。深く感謝申し上げる。
24) 北中恭裕・十文字健 2007『極楽寺ヒビキ遺跡』奈良県文化財調査報告第 122 集　奈良県立橿原考古学研究所　なお，同報告及び前掲註 1)村田文夫 2006 のなかでもその特徴がふれられている。
25) 森　浩一 1994『森浩一対談集・古代技術の復権』小学館。吉川金次との対話中にある。
26) 高田博ほか 1980『佐倉市江原台遺跡発掘調査報告書Ⅱ』千葉県文化財センター
27) 江藤　昭・吉田　寿ほか 1988『町田市向上遺跡調査報告』向上遺跡調査団
28) 中村勉ほか 1989『横須賀市佐原泉遺跡』泉遺跡調査団
29) 岡本　勇・塚田明治ほか 1977『三浦市赤坂遺跡』赤坂遺跡調査団
30) 赤坂遺跡 5 号竪穴は，主柱穴の南側に厚さ 30 cm のロームブロックが堆積していた。炉は使用痕跡をもつ。本竪穴は建て直し段階にあたって，柱穴内の土を掘り起こし，そのまま放棄されたものと考えられている。

31) 和島誠一ほか 1965『三殿台遺跡』横浜市教育委員会
32) 平子順一・鹿島保宏 1989『観福寺北遺跡・新羽貝塚発掘調査報告書』横浜市埋蔵文化財調査委員会。田村良照ほか 1999『横浜市観福寺北遺跡群・開耕地遺跡発掘調査報告書』観福寺北遺跡発掘調査団
33) 前掲註9)に同じ
34) 安藤広道 2008「横浜市日吉台遺跡群」『講座 新神奈川・新弥生論』神奈川県考古学会
35) 小池 聡・浅賀貴弘 2008「川崎市野川神明社南遺跡」『第32回神奈川県遺跡調査・研究発表会要旨』神奈川県考古学会
36) 石井榮一 1995「弥生後期大型竪穴式建物の復元」。前掲註9)に所収
37) 浅川滋男・藤井利史ほか 2006『富山市打出遺跡発掘調査報告書』富山市教育委員会
38) 相川 薫・竹内靖長ほか 1996『川崎市多摩区長尾台北遺跡発掘調査報告書』長尾台北遺跡発掘調査団。詳細は，前掲註1)村田文夫 2006 のなかに図示・解説した。
39) 坂上直嗣 2009「縄文時代と弥生時代の大集落 ―東京都渋谷区鶯谷遺跡」『季刊考古学』109号 雄山閣
40) 宮本長二郎 2003「弥生・古墳時代の建築」『歴史遺産研究会紀要』創刊号 東北芸術工科大学
41) 村田文夫 2006『縄文のムラと住まい』慶友社

その後の見聞録 (1)

　小論を発表した後，わたしは調査関係者のはからいで幾つかの弥生集落跡から五平（状）柱を据えた竪穴住居を実見することができた。
　とりわけ神奈川県川崎市宮前区の野川神明社南遺跡の調査では，弥生後期における良好な事例が多数発掘されており注目された。遺跡報告書が現在進行中と側聞しているので，その刊行を心待ちしている。
　ただ一言許されるものならば，集落跡内における五平（状）柱を据えた竪穴住居の位置づけも，個々の住居における柱の据え方などの特徴も本論でふ

れた内容と多くの点で同じくしており，あらためて背後には所要の設計図と，専業化した匠集団の広範なネットワークの存在が想定された。

その後の見聞録 (2)

　五平(状)柱材を製作・加工するためには，石製や鉄製の工具類を必要とする。その一斑は本文の4の(3)でふれてきたが，その後，名久井文明のご高論に接して，改めて工具問題の重要性を認識した（「「木で割った磨製石斧」と，その後継器種」東北芸術工科大学東北文化研究センター『研究紀要』10，2011。その後，『伝承された縄紋技術』2012，吉川弘文館に所収）。

　わたしは，五平(状)柱の製作過程における鉄製鋸の初現に少し執着しすぎたようである。視野を広げれば，昭和20年代にも縄文住居から細工された板状材が確実に発掘されていた（長野県平出遺跡など）し，割板材を住居の床面に敷きつめた「敷板住居跡」（長野県北村遺跡など）も発掘されている。そもそも縄文期の掘立柱建物も"高床式"の居住空間であれば，8のまとめでふれたように，必然的に梁間に架ける多量の割板材がなければ住まうことができないのである。

　新来の鉄製工具と五平(状)柱を結びつけることはもちろん魅力的であるが，それらを巧みに使いこなす技は，縄文人の技術を延長させたところに位置づくことを，名久井論文を拝読しながら改めて再確認をした。

第5章　古墳研究をめぐる定点考・三題

はじめに

わたしの学生時代は，ご多分の漏れず縄文土器の文様とか，縄文集落跡の研究に人なみの興味を抱き，卒業論文もその流れに沿った。卒業し，生まれ育った川崎市に地方公務員として奉職してからも，しばらくはその傾向は変わらなかったが，しだいに職務との関係から興味・関心の範囲を広げざるを得なくなってきた。いまはその延長戦上にある。ただし所詮，基礎的な教養に乏しい者による付け焼刃であるから，発表してきた論攷も大過を犯しているに違いないといつも危惧してきた。

しかし付け焼刃でやってきた者には，基礎から鍛えられてきた正統派の研究者の発想にない，意外な箇所に興味を抱くことがある。本論は「古墳研究をめぐる定点考」などと大袈裟なタイトルをかかげているが，おそらくこの種の内容は，既に先学によって十分に論及され尽していよう。それを承知で，最近，わたしなりに気に掛かっている若干のテーマを取りあげた。

その結論部分をはじめに記せば，古墳にかかわる多面的な研究のなかに，古墳が築造された前後，少なくとも，その後の古代社会のなかでどのような思想が付加され，敬われてきたものか，などやや長期にわたる動静を探るのも重要な視座ではないか，と考察したかった。古墳研究にまつわる多様な定点考の一つを示すことができたらさいわいである。

1. 律令社会から下野国河内郡衙（上神主・茂原官衙遺跡）と古墳群を垣間見る

上記の遺跡は，わたしの知るかぎり古墳群の盛衰と郡衙諸施設の設営，あるいは，律令社会における祭祀形態との関連性を，きわめて端的に復元でき

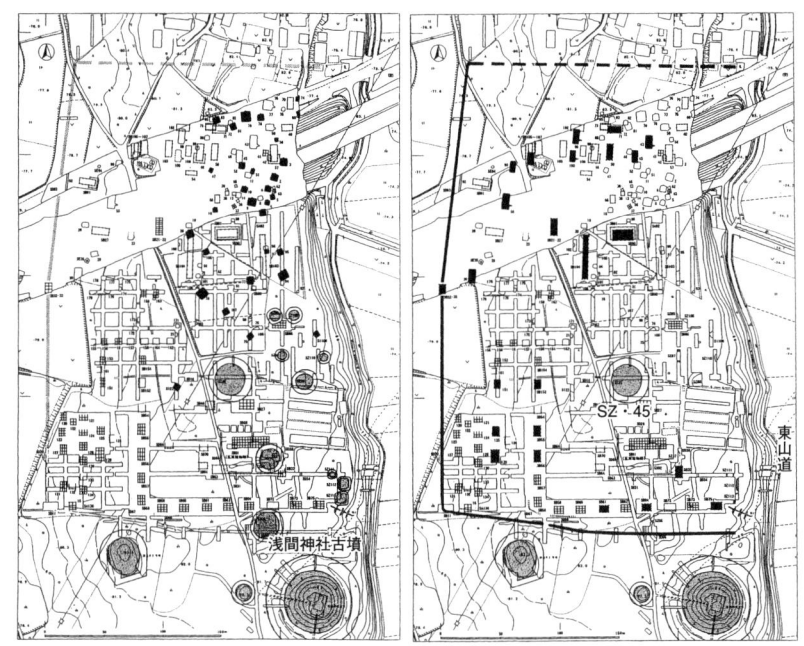

第1図　上神主・茂原官衙遺跡(その1)

官衙設営以前　　　　　　　　　官衙第Ⅰ期（7世紀後葉）

多数の古墳（黒丸）を壊して官衙設営。ただし浅間神社古墳,官衙内の円墳（SZ-45）は残す。

る稀有の事例であると考えている。

　周知のように古墳と地方寺院・郡衙との相対的な位相については,寺院・郡衙の周辺に伝統的な有力古墳が存在する（Ⅰ類),中・小の古墳が存在する（Ⅱ類),古墳が存在しない（Ⅲ類）という山中敏史の所説がある。この分類にしたがえば,上神主・茂原官衙遺跡はⅡ類に近かろう。

　下野国河内郡衙（上神主・茂原官衙遺跡）は,栃木県河内郡上三川町と宇都宮市にまたがって設営された。発掘された郡衙域からはずれた南東隅には,5世紀初頭の円墳・浅間神社古墳（墳径50 m）が位置する。この地域社会では盟主的な存在であろう。設営された郡衙域内には,中・小の円墳11基が存在し,うち1基をのぞく10基は,郡衙設営時に壊された（第1図）。

　ここで話題にするのは,円墳・浅間神社古墳と,郡衙域内にあってただ一

基，昭和30年代まで築造時の墳形が維持されてきた直径25m・高さ3m前後をはかる円墳（SZ-45）の存在である。これらは古墳研究上，どこに定点が求められるのであろうか。

(1) 郡衙域に隣接する浅間神社古墳の様態を考える

まず前者，すなわちこの地域最大の古墳である浅間神社古墳は，郡衙設営時（7世紀後半）にいたっても，地域の盟主を祀ってきた記念物として命脈を保っていたのであろう。そこで新体制は，祖霊への祭祀を十分に敬うポーズを表白するため，浅間神社古墳を郡衙域から意識的にはずした（第1図右）。その結果，浅間神社古墳は，郡衙域の南東隅に仰ぎ見ることができ，景観的にも格好のランドマークになりえた。郡衙正倉院の東南隅には，東山道と推定される道路跡が近接して確認されている。道筋は浅間神社古墳を意識的に避け，裾部に沿って曲線状に取り付けている。そうすれば郡衙正倉院にも近接し，そこへの出入も容易になる。この道路が報告書にあるように，8世紀後半代の設営であれば，古墳に葬られた祖霊への畏怖や祭祀の儀礼は，その時点までこの地域社会では確実に命脈を保っていたことになる。

そもそも古墳は，第一義的には政治的な祭具である豪族の屍（しかばね）を葬る埋葬施設である。後継者にとっては祖霊を畏怖し，祭祀する記念物として，葬儀後も地域社会に定着させる必要があった。浅間神社古墳にまつわる一連の措置は，築造後2～3世紀が経過しても，そのような観念が継続していたなによりの証しといえる。これに関連して言及すると，著名な『常陸風土記』（行方郡条）には，つぎのような興味ぶかい記載がある。

> 郡家（こおりのみやけ）の南の門に一つの大きなる槻（つき）有り。其の北の枝，自（おのづか）ら垂（た）りて地（つち）に触（ふ）れ，還（かへ）りて空（そら）中に聳（そび）ゆ。其の地（ところ）に，昔，水の沢有りき。今も霖（なが）長（あめ）に遭へば，庁（まつりごと）の庭に湿潦（みずたま）れり。郡の側（かたわら）の居邑（むら）に，橘（たちばな）樹（き）生へり。

記事にみえる大きな槻樹はケヤキのこと。ここからはつぎのようなことが学べる。まず，郡衙の南方はきわめて枢要な拠点。その位置に空中に大きく聳える槻樹であった。まさしくランドマーク。槻樹は村人の心に育まれてきた精神的なシンボルであったから，新しく興った律令体制側は，木を伐り倒すのではなく，むしろ枢要な場所に活かすようにして郡衙の諸施設を設計・

設営した。そのため「水の沢有りき」地点に,「庁の庭」が位置してしまったのであろう。「今も霖長に遭へば」「湿潦れり」という情景が生じたのは,こうした背景があったからである。

　これを下野国河内郡衙（上神主・茂原官衙遺跡）にあてはめると，行方郡衙の南方で，天空にむけ高く聳える大きな槻樹に相当するのが，この地域において盟主的な豪族の奥津城であった浅間神社古墳であった。墳径は50mを測り，高さが7m余もある。威風堂々，木々に覆われた丸い墳丘は，常陸国行方郡の「大きなる槻」のイメージに重さねることができる。かくして新しく興った律令体制は，長年にわたり地域に育まれてきた歴史的な記念物や，精神的な風土をいたずらに刺激することなく，手練手管を駆使してたくみに懐柔しながら，一定空間を郡衙域として設営したのであった。

　このように5世紀初頭に築造された浅間神社古墳は，豪族の墳墓である祖霊祭祀から，神祇祭祀というように信仰の様態をかえつつ，郡衙設営・東山道が取り付くまでの間，確実に古代社会で命脈を保っていたと想察することができる。正統派の古墳研究者からすれば，まずは「古墳は何世紀の築造か」に最大の関心はむくし，一方，律令期の研究者に，仮に郡衙南方に位置するこの地域最大の古墳の位置づけに思慮が及ばなくても責められないであろう。つぎの話題も同様な視点にたっている。

(2) 郡衙政庁の南正面に位置する円墳（SZ-45）の様態を考える

　下野国河内郡衙は，報告書によればⅠ期〜Ⅳ期に分けられ，各期の年代はⅠ期［7世紀後葉］・Ⅱ期［8世紀前半］・Ⅲ期［8世紀後半］・Ⅳ期［9世紀前半］とされる。ここで話題にする円墳（SZ-45）は，Ⅰ期の時点から郡衙政庁の南面中央に位置し，Ⅳ期にいたっても同様であって，結果的には昭和30年代まで現存していた。しかしこの記述は正確ではなく，正しくはⅠ期の郡衙の設計・設営にあたっては，円墳（SZ-45）の位置を基点して政庁や正倉院などの緒施設が配された，とすべきである。Ⅱ期以降もそれに倣う。ではその設計仕様を推測してみよう（第2図上段）。

　まず円墳（SZ-45）の墳丘中心（当然，最も高い位置になる）から北方へ約120mを計測した地点に，政庁建物の中心が位置する。そこは東西棟建物

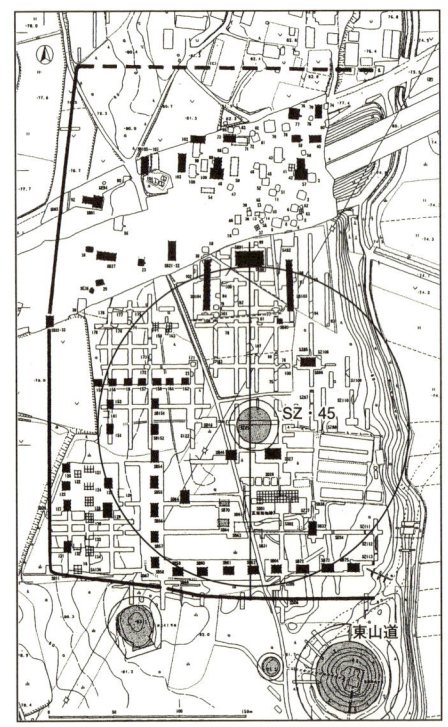

官衙第Ⅱ期(8世紀前半)。官衙として整備充実期(西端に南北に並ぶ4軒の正倉跡は,第Ⅲ期の可能性もある)

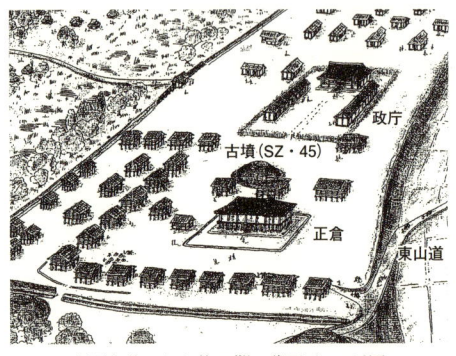

上図を基にした第Ⅱ期の復元イメージ図

第2図　上神主・茂原官衙遺跡(その2)
(上三河町・宇都宮市教育委員会資料より)

(脇殿)の中心でもある。逆に,円墳(SZ-45)の墳丘中心から南へ約120mを計測すると,測ったように正倉院の南縁区画にあたる。この符合は偶然ではなかろう。約120mは唐尺で完尺になる。ちなみに東西に整然と並ぶ脇殿の間隔は,その半分の約60mで,やはり完尺となる。

　肝心な円墳(SZ-45)は昭和30年代まで現存していたが,発掘されることもなく湮滅した。したがって正確な築造時期はわからないが,前述したような枢要な位置から推測して,7世紀前半から中葉の築造が可能性としてはもっとも高かろう。そうであれば郡衙政庁の設計では,最上の政治的な祭具である先代の遺骸を葬儀した古墳(SZ-45)の位置こそが最優先され,そこでしばし祖霊祭祀を挙行した。これによって新たに就任した大領は,譜第氏族としての自己の正当性が領民に広く周知できたのである。つまりこの段階までは祖霊とのつな

第5章　古墳研究をめぐる定点考・三題　79

がりが重視されていた。

　一方，Ⅲ期にいたると正倉院のほぼ中央部に，総柱式で礎石立ちの大形瓦葺建物（14×4間）が建ち，その四辺を囲む溝の中からは，1,160点もの文字瓦が発掘された。文字瓦の生産窯は，水道山瓦窯跡群と根瓦瓦窯跡で，操業期間は740～757年ごろ。人名瓦は，寄進元である河内郡内の郷名にちなむ「大麻マ（部）」「酒マ（部）」「丈マ（部）」などが主体的であるが，そのなかに「神主マ（部）牛麻呂」など「神主」を冠した名前を記した人名瓦が24点も含まれていた。当然，神主部は郷名とは脈絡していない。しかし，今でも現地に地名がのこるほどの重要な一族であった。

　「神主」とは，もちろん神職のこと。禰宜（ねぎ）や祝部（はふりべ）よりは上位の格付け。氏中から清慎なる者が選ばれ，6年任期であった（「類聚国史」巻19）。また「儀制令」の春時祭田条の注釈によれば，神主は社（やしろ）の首（おびと）と呼ばれ，収穫感謝の祭りなどの神事を司るが，通常はいわゆる村長として，村政も取り仕切っていた。つまり祭祀と行政を一手に掌握していたのである。おそらくこの地では，神主部牛麻呂なる人物などがその代表格で，一族は政庁の真正面に位置する円墳（SZ-45）を「土壇」に見立て，神祇祭祀を担当した部集団であったのであろう。秋になって収穫された初穂の束は，「土壇」前での感謝儀礼で神々と交感し，正倉内に納められたわけである。当然，前代までの祖霊祭祀は，基本的には否定されることになる（第2図下段）。

　ここまでのことから，整理して幾つかの推測を重ねてみる。7世紀前半から中葉に築造された円墳（SZ-45）は，初期大領との強い関係がうかがえ，郡衙Ⅱ期の前半までは，十分祖霊祭祀の対象でありえた。しかし律令体制が安定したⅡ期終末にいたると，前代までの祖霊崇拝は否定され，神霊降臨の祭祀に変質していった。おそらく墳丘上には，神を勧請する影向木（ようごうぎ）が擬定され，祭祀は神主部牛麻呂などの一族がもっぱら管掌したのであろう。祭祀形態が変質した時期は，人名瓦が生産された740～757年頃という窯の操業期が示唆している。かくして祖霊祭祀の対象は，100年もしないうちに律令体制という社会変動にあわせて，神霊降臨の舞台に変質していった姿が浮かんでくる。背景には，規定上は終身官であるはずの大領が，実質的には10年

前後で頻繁に交代させられていた史実も関連していよう。

　ここでは，郡衙の設計・設営にあたって二つの古墳——浅間神社古墳と円墳（SZ-45）——が，それぞれ枢要な位置にあったこと。しかし社会体制の変動にあわせて，挙行された祭祀の様態もしだいに変質していった可能性を推測してみた。

　そもそも古墳は，築造後，幾星霜を経るに従い祖霊祭祀という本質に徐々に加飾がくわえられ，後世に流転していくのであろう。古代文芸には，「古（いにしえ）のますら壮士（をとこ）の　相競（あいきほ）ひ妻問（つまどひ）しけむ　葦屋（あしや）の菟原處女（うなひをとめ）の　奥津城（おくつき）をわが立ち見れば　永き世の語（かた）りにしつつ　後人（のちひと）の偲（しの）ひにせむと　玉桙（たまほこ）の道邊（みちへ）近く　磐構（いわかま）へ作れる塚を」（以下略）（『万葉集』9・1801　むかしの立派な男たちが，互いに競って妻問いをしたという葦屋の菟原處女のお墓を眺めてみると，後の世までの語り草にして，長く人の偲ぶよすがとしようと，道のほとりに近く，岩を組み立てて塚をつくってある）とある。

　おそらく古代から，古墳のような盛り土の上に「磐構へ作れる塚」などは見慣れた景観であったと思われる。後世，墳丘上の1本の「影向木」とか岩構えがさらに加飾されて，天神や浅間・第六天などを勧請して祀る小祠などにかわり，現在に至ったものも含まれていよう。伝承されてきた古墳の名には，しばしばその後に信仰が流転した歴史が隠されている。

2. 美濃国武義郡の弥勒寺官衙遺跡群跡から垣間見えること

　岐阜県関市池尻に所在する弥勒寺（みろくじ）は，天武元(672)年の壬申の乱の際に，大海人皇子（おおあま）（天智天皇の弟で，後の天武天皇）に味方して，大海人軍を勝利に導いた美濃勢の舎人（とねり）・身毛君広（むげつきみひろ）の氏寺とされてきた。昭和28(1953)年，当時東京国立博物館に勤めていた仏教考古学の第一人者・石田茂作が，地元の熱心な要請をうけて学術発掘をしたことでも知られている。

　地元・関市では，この著名な史跡を保護するため保存監理計画をたて，昭和55(1980)年以降，史跡の調査と整備をすすめてきた。とくに平成年度に入ってからは，広範囲にわたって発掘調査がなされた。その結果，遺跡は弥勒寺跡・武義（むぎ）郡衙（弥勒寺東遺跡）・祭祀跡（弥勒寺西遺跡）で構成されているこ

とが判明し，国史跡・弥勒寺官衙遺跡群と命名された（168頁，第5図）。

　では，身毛氏の生前の権勢を伝える物証はどこに求められようか。それは祭祀跡（弥勒寺西遺跡）の西側，池尻山の高い尾根の裾部に築かれた池尻大塚古墳で，古くから身毛氏の奥津城ではないか考えられてきた。古墳は方墳で，石室の石材が地表に露出していることから，「美濃の石舞台」と呼ばれてきた。一辺22.4m，墳丘基底部から露出した天井石の頂部までの高さは，3.7mである。

　このほかに弥勒寺周辺には，古墳が数kmの範囲内に集中して分布していることから，最初にあげた山中敏史の古墳と地方寺院・郡衙との位相分類にしたがえば，周辺に伝統的な有力古墳が存在するⅠ類に相当していよう。したがって，当然，それらの古墳群の存在は重視されるが，わたしは弥勒寺の南門のさらに先端に築造された弥勒寺古墳が，寺院建築時においても破壊されることなく現存してきた事実に興味を持っている（第3図左）。

(1) 記録された時点での弥勒寺古墳

　弥勒寺古墳は，遺跡台帳にも未記載で，現在の参道と車庫の建築時（昭和30～40年代）に破壊され，昭和年代の範囲確認調査で，ようやく存在が確認された。しかし，わずかに石室の奥壁部分が遺存していたのみであった。記録された状況は以下の通りである（第3図右）。

　石室は，ごく一部に円礫が使われているが大部分は角礫で，床面から天井までの高さは1.5mほどをはかる。石室幅は床面で1.1mほど，天井部は0.7mほどで上部にむけ持ち送りされている。石室の長さは，正確には測定できていないが，残された円礫などから推測して6m以上はあったと考えられている。遺物としては，調査の準備段階で床面から高坏の脚部が1点発見されたのみであった。

　このように弥勒寺古墳の遺存状態は，良好であったとはいいがたい。

(2) 弥勒寺南門の正面に位置する弥勒寺古墳の様態を考える

　弥勒寺古墳の遺存状態は良好とはいえないが，築造された位置は明確であるし，内部主体が全長6m余の横穴式石室であることは重要である。おそらく後期古墳以降での築造であろう。

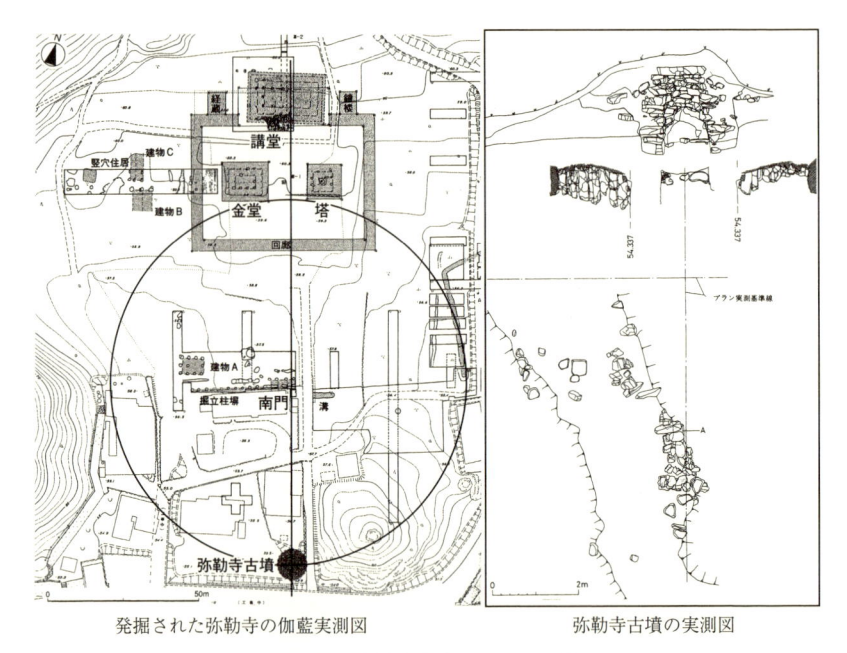

発掘された弥勒寺の伽藍実測図　　　　　　　弥勒寺古墳の実測図

第3図　弥勒寺伽藍と弥勒寺古墳

　とくに注目したいのは，弥勒寺古墳が築造された位置。すなわち弥勒寺は金堂が西，塔が東，その背後に講堂という典型的な法起寺式伽藍を採用している。当然，金堂・塔を結んだ中間から，真っ直ぐに南へ向かうと南門に至る。ここまでは見慣れた寺院風景。しかし弥勒寺古墳は，寺院が建築された以後も南門のさらに前方，ほぼ真南にずっと占地しつづけた。

　寺院建築という新時代の到来にあわせ，前代までの歴史を証明する記念物は一様に消滅・破壊させられるものと思いがちであるが，実際には弥勒寺古墳は寺院建築にあわせて破壊されることもなく，昭和30～40年代までほぼ当初の原形を保っていたのである。これは偶然ではなかろう。

　推察の根拠は，弥勒寺古墳—南門—金堂・塔の位置関係にある。すなわちこの三者を並べると，それは見事なくらい南北に一直線に並ぶ景観が復元できる。加えて，南門を基点にして金堂・塔を結ぶ南縁までの距離と，南門から弥勒寺古墳までの距離はまったく同じ距離の60m。唐尺に換算しても完

尺となる。弥勒寺古墳―南門―金堂・塔を結ぶ三者の位置取りは，明らかに当初からグランドデザインされていたのである（第3図左）。

このような景観的復元が正鵠を得ていれば，弥勒寺古墳の墓主は身毛君広に系譜するような，重要人物の一人と推測できよう。

参詣者は，はじめに祖霊を祀る弥勒寺古墳に対面して一様に敬うことが強要され，その後に南門に向かう。南門から奥に仰ぎみる金堂・塔の位置は，いま弥勒寺古墳から南門まで歩いてきた距離と同じであった。堂・塔は，はるか彼方にあって，否応なくその距離感は実感させられる。

弥勒寺古墳が，弥勒寺の東側に並ぶ武義郡衙（弥勒寺東遺跡）の政庁院の位置からみて（168頁，第5図），枢要な位置にあったことは明快。先祖霊の参拝を避けて，バイパスして南門に至ることは許されなかったはずである。つまり設計は，寺院計画の当初から織り込まれていたと推測する。

弥勒寺古墳―南門―金堂・塔の位置関係は，ビビッドに復元できる。かくして前代の記念物である古墳は，破壊されることもなく，寺院建築後も意義付けされて，地域社会のなかで積極的に活かされつづけられていた。

3. 第六天古墳から，「武蔵国造の乱」で亡くなった戦士を想う

『日本書紀』安閑天皇元(534)年に記された武蔵国の国造職をめぐる豪族・笠原直使主と同族・小杵との争いをどのように理解するかは，東国の古代史研究上，現在でも大きなテーマでありつづけている。ここではその研究史にふれる余裕はないが，考古学の立場から武蔵国造の乱の史実性を肯定的にとらえたのが，甘粕健である。すなわち多摩川・鶴見川流域の南武蔵は，小杵勢の勢力基盤であって，その証拠に有力な前期古墳が展開していたが，ヤマト政権の仲介によって北武蔵に勢力をもつ使主勢が勝利したため，以後の大形古墳は埼玉古墳群などの周辺に集中したと――。

大きな問題を提起した著名なこの学説は，その後も考古学・文献史学の双方から史実性をめぐって活発な議論がつづけられている。近年では多摩川下流域右岸（川崎市側）の沖積地に築造された後期の高塚古墳が再評価され，甘粕が大胆に描いた図式に合わなくなった部分も垣間見える。さらに政権側

に献上された四屯倉（橘花・倉樔・横淳・多氷）の位置も，すべて南武蔵と見る関和彦などの見解がある（第6図）。また篠川賢は，『日本書紀』崇峻天皇2(589)年に「宍人臣鷹を東海道の使に遣して，東の方の海に浜へる諸国の境を観しむ」と見えることから，6世紀第4四半期に東日本の国々の国境は確定し，国造制が施行されたと捉える。そのうえで武蔵国造の乱は，この時期にともなう史実であろうとする。

　考古学・文献史学が噛み合った議論は容易でないが，わたしは考古学側から主張をするならば遺構・遺物にそくして立論すべきで，その点で川崎市幸区の第六天古墳は十分に瞠目に値すると考えている。

(1) 発掘調査された第六天古墳の概要を知る

　第六天古墳は，神奈川県川崎市幸区に所在した古墳で，著名な前期古墳・白山古墳（4世紀中葉前後の前方後円墳）の前方部に位置していた。白山古墳は温泉旅館が建てられるため，その事前調査として慶応義塾大学三田史学会が，昭和12(1937)年に発掘調査をされた。一方，第六天古墳は，その陪塚であろうとの予測で一緒に発掘された。しかし，実際には典型的な後期古墳であって，報告書には文部省からはその安易な姿勢をきびしく叱責されたと記されている。文部省の指摘は，明快で筋が通っている。

　発掘された第六天古墳は，墳丘直径が19m×15mの円墳で，高さは約4mを測る。内部主体は複式構造による横穴式石室で，全長が7.9mという大形サイズ。玄室には主軸に平行して組み合わせ式石棺が据えられていた。石室の平面形は，北武蔵から集中的に発掘される，いわゆる胴張りの形態で，側壁は天井部にむけて持ち送る。石棺の石材は，埼玉県秩父地方からわざわざ搬入したと思われる緑泥片岩で，長さ2.3m，幅91cm，高さ約70cm（容積では約1.5m³）を測る（第4図左）。つまり大形サイズである。

　副葬遺物としては，奥室の組み合わせ式石棺内部から瑪瑙製の勾玉2，水晶製の切小玉1，琥珀製の棗玉6，硝子製の臼玉7・小玉165などの多量な玉類のほか，鈴10・釧3・鐶6などの金銅製品，鹿角装の刀子17など豊富である（第5図）。一方，石棺の外部から直刀12本，鉄鏃82本などの鉄製武具が発掘されている。浜田晋介の復元によれば，奥室の北西壁側の前面隅か

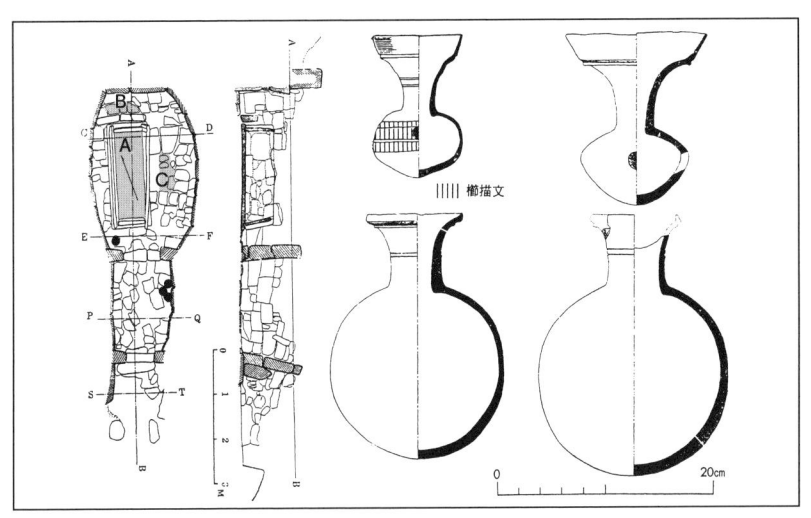

第5章　古墳研究をめぐる定点考・三題　85

第4図　第六天古墳の石室と副葬品
左：横穴式石室実測図（●印より須恵器出土。Aより11体の人骨出土。Bより鉄刀12本出土。Cより鉄鏃82本出土。）右：石室内出土の須恵器（𤭯2,フラスコ形長頸瓶）

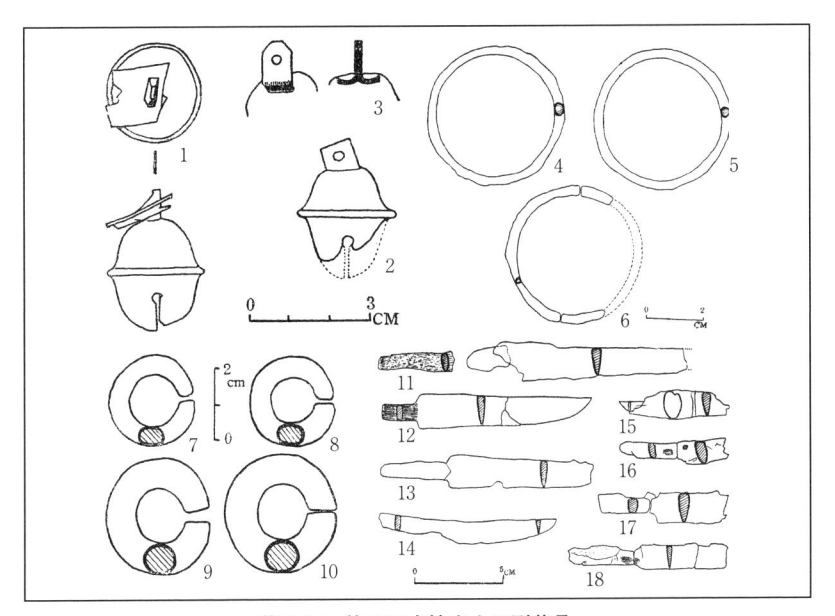

第5図　第六天古墳出土の副葬品
1～3：金銅製鈴　4～6：銅製釧　7～10：銅製鐶　11～18：鉄製刀子

らは胴部に櫛描文のある須恵器1点(𤭯)と，前室の東壁面に沿って須恵器3点(𤭯1，フラスコ形長頸瓶2)がまとまって発見されている（第4図右）。奥室から発掘された須恵器の𤭯は，6世紀第3四半期，前室から発掘されたフラスコ形長頸瓶は，7世紀第1四半期と考えられているので，古墳に追葬行為があったと考えるのが自然である。

　では，これらの遺構・遺物の取り合わせを，追葬行為があったという視点から眺めてみよう。ここで最大の謎になるのが，つぎにふれる組み合わせ式石棺内から発掘された多数の埋葬遺体である。

(2) 組み合わせ式石棺内から発掘された壮年期の男子遺体の発見状況

　発掘報告書には，発見時における石棺内の状況がつぎのように記されている（第4図左・平面図－A）。

　　蓋石の南半分を取上げて棺内南端の除土を始めると，間もなく下向きとなった頭蓋骨二個体分が現われた。この時既に夕闇が迫っていて，あたりは薄暗くなって来ていた。現出した頭蓋骨はそのまま放置するわけに行かず，検出を続行することにしたが，頭蓋骨の数は意外に多く，次ぎ次ぎと現われて来る。古墳といえども照明設備のない暗闇の穴の中で，僅かな懐中電灯と堤燈の幽かな光を頼りに，粛粛と墳上の松の枝に鳴る肌寒き風を冷たく身に感じながら，二時間経っても三時間経ってもなお篦を動かし続けねばならなかったことは，一種の悲哀であった。人骨は続出するばかりである。到底同日中に発掘を完了し得ざる見透しがついたので午後九時半に至ってこの日の作業は一旦中止することにした。
　（引用にあたり，一部省略している）

　結局，遺骸は11体であった。さらに報告書は詳しくその内容を次のように記す。

　　石棺内発見の11体の遺骸については，その頭蓋骨がすべて前頭骨を下にし，後頭骨を上にした俯臥の姿勢に於いて発見されたことが注意される。若し遺骸が仰臥の姿勢を以って埋葬されたとしても十個共すべて逆転してしまうとは考えられぬから，始めから俯臥の姿勢を執らせたものと考えてよい。そしてこれらの遺骸は同時の合葬か或は何回かに亘る追

葬かのいずれかといえば多分に同時葬と見るべき可能性が強いように思う。(中略)。遺存歯牙より観たる処によれば，遺骸の性別はすべて男子であり，年齢は三四十歳の壮年のものが多く，中には十才未満の少年もあれば，五十才前後の壮年期を過ぎたるものもすべて一棺内に葬られていたこととなるのである[1]（傍点は村田）。

　ここまで報告書から忠実に引用すれば，人骨の発掘状況や遺骸の性別・年齢的な特徴が掴めよう。さらに石棺の北側と奥壁の間には，50cm弱の隙間があり，そこから先にふれた直刀12本が一括して納められていた（第4図左・平面図-B）。このことについて，報告書はつぎのように記す。

刀身が石棺の北の奥壁に接して十余口もかためて置かれていた事実に対しては，之が何等か除魔の意図に出たものではないかとの推想も許されよう。而して一ヶ所にかく多数の刀身を集めて納めたところから見ると，これは遺骸の埋葬に伴う同時の副葬と見ることが出来ると思う（傍点は村田）。

　このように約60年前の発掘報告書は，簡明な記述のなかでも的確な問題提起をしている。

(3) 追葬された多勢の男たちは小杵勢の戦士ではなかろうか

　そろそろ結論を急ごう。わたしは一人の子供をのぞいて壮年男子がみな顔を伏せるようにして多量に，しかも同時葬と推測できる状況で発見された所見から総合的に判断して，もっとも可能性のたかい解釈は，「武蔵国造の乱」で戦死した小杵勢の戦士として想定することではないか，と考えている。その幾つかの根拠を整理してみよう。

1)　第六天古墳の位置は，想定できる小杵勢の中心域にある（第6図黒丸）。
2)　古墳の時期は，奥室や前室から発掘された須恵器の年代から，6世紀第3四半期（初葬時期）と7世紀第1四半期（追葬時期）に分けられる。奥室部から発掘された須恵器が，初葬の時期を示す。墓主は石棺内に安置され，勾玉，切小玉，棗玉，臼玉，小玉，鈴，釧，鐶，鹿角装刀子などを副えていた。副葬遺物の質・量から推測して，相当に有力な人物であった。
3)　一様に顔を伏せられていた子供1体をのぞく10体の壮年男子は，前室

に置かれた須恵器が示す7世紀第1四半期前後に追葬された。注目は, 石棺の北側と奥壁との隙間に一括しておかれた直刀12本。これは同時葬された遺体数にほぼ符合するので, 彼らが腰につけて勇壮に闘った時に携行していた大刀であろう。報告書の記述とも矛盾していない。同じく石棺外には, 実戦的な尖根式の鉄鏃が82本も置かれていた (第4図左・平面図-

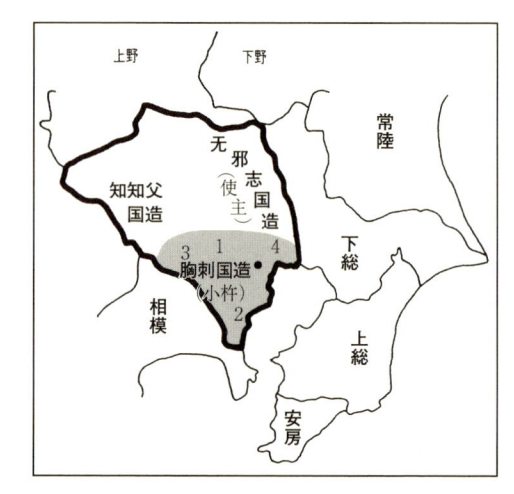

第6図 使主・小杵の勢力図と四屯倉及び第六天古墳の位置 (関和彦1995に加筆)
1：橘花 2：倉樔 3：横渟 4：多氷
●：第六天古墳 アミ部分：小杵の勢力推定範囲

C)。完形品がないのが特徴で, これも追葬時の遺物であろう。

4) 7世紀第1四半期前後は, 崇峻天皇が宍人臣鴈を東海道に遣わして, 諸国の境を画して国造制を本格的に施行した時期とほぼ符合する。まさに武蔵国造の乱があったとすれば, 篠川賢が主張されているように, 境界の策定時期に連動していよう。

5) 武蔵国造の乱については, 『日本書紀』から直接的な軍事衝突は読み取れないが, 「使主を殺さむと謀る」とか, 「而して小杵を誅す」とあることから何回か交戦し, その都度双方に相当数の戦死者がでていよう。戦によって多数の死者がでることは, 避けられなかった。

以上のような理由から, 第六天古墳から窺える初葬された墓主と, 追葬された被葬者達の関係は, つぎのように語れよう。

まず6世紀第3四半期頃石棺内に初葬された墓主は, 金銅製の鈴や釧などの秀逸な副葬遺物から判断して, 小杵勢の有力者であろう。それから20～30年後の7世紀第1四半期頃に同時葬された11体の遺骸は, 使主勢と

一戦を交えて戦死した小杵勢の一族従類であろう。想像するところ，死後硬直がはじまった程度の多数の戦士を曳きずり担いできた仲間が，さてどこに死者を葬ろうかと瞬時悩んだ。浮かんできたのが，墓主との因縁から第六天古墳が選ばれ，羨門を再開口した。よって戦士達は報告書で推測されているように，つぎつぎと顔を伏せるようにして同時葬された。直刀12本，尖根式鉄鏃82本は戦士の墓にふさわしい。石室前室に置かれた須恵器3点は，その時点で副えられたものであろう。

こうした推考が正鵠を得ていたとすれば，先祖霊を祀っていた古墳も，20〜30年後には一族従類の戦士の墓に変質していたことになる。

(4) 歴史は6世紀第4四半期に動いた

では始めから，武蔵国は南・北で緊張関係があったのであろうか。第六天古墳の横穴式石室が典型的な胴張り形態で，側壁に持ち送り技法が駆使されている点と，組み合わせ石棺の石材が，埼玉県秩父地方から特別に搬送したと思われる緑泥片岩であることは注目される。いずれも北武蔵の文化様態・自然産物としてつながりが強い。良質で大形の緑泥片岩は，埼玉県長瀞町や小川町方面で産出する。特注され，矢上川まで漕運されたのであろう。

参考までに，江戸後期の地誌『新編武蔵風土記稿』の新作村（川崎市高津区）を紐解いてみる。「古塚　四ヶ所あり，一は村の南字田畑の上にあり，此塚六七年前農人誤て鋤を入しに，土崩れて坑開け，中より古陶器二つ徳利の如き形のものを出せり，其の穴をのぞむに上の方左右へ青石を建てるさま櫃の形なり，土人その石の内三枚を出して，今四間の橋とせり」。穴から覗いたときに見えた左右に建てられた青石は，おそらく緑泥片岩であろう。それが櫃の形というから，石室か石棺のいずれ。ちなみに大形の緑泥片岩をパネル状に組み合わせた石室墳は，穴八幡古墳など北武蔵の後期・終末期の古墳からも発掘されている。新作村の古塚の記録は蓋然性がたかい。

第六天古墳の石室が，北武蔵に盛行した胴張り形態で，石棺の石材も大形の緑泥片岩であることから，6世紀第3四半期頃までは，武蔵国内が南・北に分かれて全面的な緊張関係にあったとは思われない。情報や物資は頻繁に交流していたのである。その後，崇峻天皇が宍人臣鴈を東海道に遣わし，諸

国の境を画して国造制を本格的に施行した時期前後に，南・北武蔵の緊張が沸騰点に達したのであろう。まさしく歴史は6世紀4四半期に動いた。以後，畿内系の文物が陸続として南武蔵の地に波及してくるのは，周知のとおりである。結局，国造職をめぐる過激な権力闘争は，体制側のヤマト政権に大いなる漁夫の利をもたらした。現世の処世術にも通じる顛末である。

おわりに

わたしが常々感じるのは，正統派研究者が異様とも思えるほど築造時期をめぐって執念を燃やす姿への疑問である。勿論，編年学の重要性はいささかも否定しないが，半面，拘泥しすぎると，もう一つの古墳像が見えないぞ，ということを主張したかった。その具体例を下野国河内郡衙（上神主・茂原官衙遺跡）と古墳，美濃国武義郡官衙遺跡群中の弥勒寺古墳，武蔵国橘樹郡内の第六天古墳で実践してみた。結論的には，観察する定点のスタンスを拡げれば，律令体制側から垣間見えてくる別の古墳像も，興味津々に議論ができるのではないか，ということ。古墳研究においても近視眼的な視座は，排除されなければならない。

註

1) 昭和12年の発掘であり，残念ながら専門家による人骨群の形質人類学的な解析は行われていない。現在ならば，性別・年齢の詳細な識別のほか，刀創痕の有無など多様な視点から分析ができたであろう。今にして惜しまれる。
　　第六天古墳は，白山古墳の陪塚であろうとの予測で安易に発掘した三田史学会の姿勢を，当時の文部省官僚は諌めたという。これは現在の文化財行政・考古学研究にも通じる重要な教訓であって，真摯に学ばなければならない。

参考文献

甘粕　健　1970「武蔵国造の反乱」『古代の日本』7 関東　角川書店
篠川　賢　2001『大王と地方豪族』日本史リブレット5　山川出版社
須原祥二　2005「郡司層と地方寺院」『地方官衙と寺院―郡衙周辺寺院を中心とし

て—』独立行政法人奈良文化財研究所
関　和彦 1995「『武蔵国造』と多摩」『月刊歴史手帳』23 巻 10 号　名著出版
関市教育委員会 1988『弥勒寺跡 —範囲確認調査報告』Ⅰ
田中弘志 2008『律令体制を支えた地方官衙 —弥勒寺遺跡群—』遺跡に学ぶ 46　新泉社
浜田晋介ほか 1997『加瀬台古墳群の研究』Ⅱ（加瀬台 9 号墳）川崎市市民ミュージアム考古学叢書 3　川崎市市民ミュージアム
深谷　昇・梁木　誠 2003『上神主・茂原官衙遺跡』上三川町教育委員会　宇都宮市教育委員会
村田文夫 2010『川崎・たちばなの古代史 —寺院・郡衙・古墳から探る—』友隣新書 68
森　貞成ほか 1953『日吉加瀬古墳』考古学・民族学叢刊第 2 冊　三田史学会
山中敏史 1994『古代地方官衙遺跡の研究』塙書房
義江彰夫 1996『神仏習合』岩波新書 453

第6章　横穴墓に描かれた線刻画を絵解きする
　　　──早野・西谷戸・王禅寺白山の三横穴墓に挑む──

はじめに

　壁画古墳といえば，九州地域の横穴式石室に鮮やかに彩色された事例や，畿内・東北南部地域のそれらが著名である。絵柄から導かれる歴史観・死生観などから，わたしたちを黄泉の世界に誘ってくれる。一方，全国各地に分布する横穴墓からも，先端の細い鉄製の工具で壁面に線刻した絵柄が発見される。いわゆる線刻画である。線刻画にも地域の歴史的な背景や，葬られた墓主に関連する深淵な死生観が物語られている。関東地域では，南関東の特定的な地域から発見される。その一つ，東京湾に注ぐ多摩川・鶴見川流域からは，絵柄が鮮明で興味ぶかい画題が幾例か発見されている。

　わたしはそれらを実見することや，発掘調査に直接関わる機会があった。そのなかから鶴見川上流域で，相互が至近に位置する早野（神奈川県川崎市麻生区）・西谷戸（東京都町田市）・王禅寺白山（川崎市麻生区）の三横穴墓（第1図）を俎上にあげ，その歴史的背景や，そこから窺われる死生観などに想いをめぐらせてみたい。いわば線刻画に関する拙い絵解きである。

1. 早野横穴墓の線刻画（川崎市麻生区早野字上ノ原所在・第1図1）

　この横穴墓は，昭和47年7月20日〜8月30日まで川崎市教育委員会の主体で，国学院大学の樋口清之と金子皓彦（当時）の指導によって発掘された。発掘報告書（樋口・金子1974）のほか，わたしは三輪修三と連名で歴史的な背景を考察（三輪・村田1975）し，その後も線刻画に関する卑見（村田1994）を披歴してきた。

(1) 横穴墓・線刻画の特徴を概観する

　発見にいたる経緯　地元住人がムジナを追いかけていたら急に見失い，そ

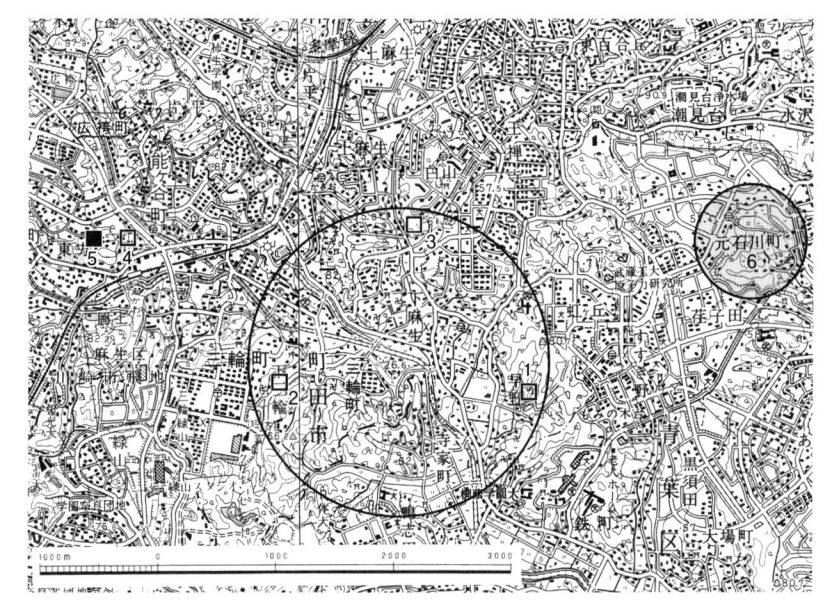

第1図　線刻画が発見された横穴墓群の位置
1：早野横穴墓　2：西谷戸横穴墓　3：王禅寺白山横穴墓　4：カゴ山横穴墓　5：鶴川遺跡群H地点　6：石川牧とのつながりが想定される地名（元石川・アミ掛け）

の先を見たら小さな穴があった。そこを長い棒で突いたら穴が広がり，中に入って懐中電灯で照らすと，壁面に絵が描かれていた。川崎市教育委員会に通報を受けて，わたしは考古学関係者として，始めて狭窄な穴から墓内に入った。玄室部前方の天井，側壁から羨道部は落盤していたが，奥壁部の絵柄はまったく損傷していなかった。人里に近い山林中ではあるが，事実上横穴墓は密封され，近・現代における盗掘とか落書きなどは想定しがたい。

横穴墓の規模や遺物など　比較的大きく全長6.64m，奥壁幅3.0m，高さ2.05mをはかる。平面形は羽子板形で，羨門の前面には墓道が細く・長く造られていた。

遺物としては，金環1，鉄鏃4，刀子1，須恵器長頸瓶3，平瓶1，坏蓋2，土師器坏1などで，このうち墓内出土は金環1と須恵器片1のみであった。遺物や墓道の状況からまず礫床に墓主をおさめ，その前方部右壁に接して須

恵器・土師器・刀子・金環・鉄鏃などを副葬した。その際の墓道が，第1墓道である。その後追葬時に，土師器・須恵器・鉄製品などの主要な副葬品を墓室内から取り出して墓道の床面を整え，第2墓道とした。築造時期は，副葬された須恵器・土師器などの年代や，横穴墓の平面形などから，7世紀中葉ころが考えられる。以上が報告書からの摘要である。

描かれた線刻画 線刻画は幅・深さとも3〜5mmの線を基本としているが，表現部位によってさらに深く・広くなる（第2図）。

早野横穴墓の線刻画（以下，早野線刻画）の最大の特徴は，奥壁の中央部，床面から155cmの位置に，細い線で直径37cmの丸く縁取った円を描き，そのなかに蛾眉(かび)と称される太い三日月形の眉・目・鼻・口・顎鬚(あごひげ)をつけた人面相（第2図1）が描かれていたことと，床面から70〜80cmうえに揃えるようにして，頭部を東南方向に向けた馬5頭の線刻画（第2図8の①〜⑤）が描かれていた点である。5頭の馬は鬣(たてがみ)と尻尾が誇張され，あたかも一列棒

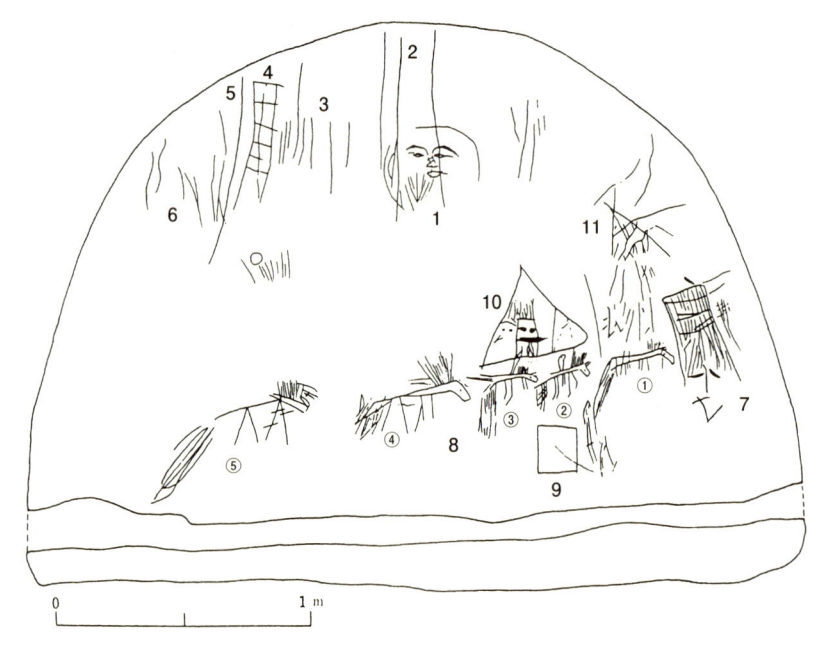

第2図　早野横穴墓奥壁の線刻画（1〜11の番号は，本文と一致する）

第 6 章　横穴墓に描かれた線刻画を絵解きする　95

状に草原を疾走しているかのような躍動感に満ちている。馬群の先頭には，被り物を付けた人面相（第 2 図 7）が深い線刻タッチで描かれている。

　馬群の上下には，方形（第 2 図 9）や三角形（第 2 図 10）の線刻画が描かれる。後者はその内部が複雑で，頭髪や両目が強調された人面ともおぼしき絵柄が描かれている。三角形は竪穴の住まいを表現している可能性がある。その他の意匠は判然としないが，そのなかでは，人面相（第 2 図 1）の北西側に縦線 3 本・横線 5 本で描いた長方形の線刻画（第 2 図 4）がまとまりを見せている。正面の人面相に重複する縦線 3 本（第 2 図 1・2）は，追葬時に線刻されたものとわたしは考えている。

　奥壁部以外の線刻画の実測図は公表されていないが，写真には意匠の判読はできないものの，明らかな線刻画が認められる（村田 1994）。北西側壁部のそれは，縦に数本のシャープな直線に対し，1 本の横線が走る。下部は落盤して不明であるが，いわゆる聖域を結界する「忌垣（いみがき）」を表現したのであろうか。逆の北東側壁には，真ん中の一点にクロスさせて 4 本の直線を描いた意匠や，斜位に刻んだ数本の直線を格子目状にクロスさせた意匠などが目立つ。これらの意匠を深く絵解きする識見をいまは持ち合わせていない。このように，明らかに側壁部にも線刻画は描かれていたが，実測図が公表されていないことと，落盤などでその全体的な意匠が掌握しがたい状態にある。そこで以下の考察は，奥壁部に描かれた線刻画に焦点をあてる。

　線刻画の特徴を整理する　奥壁部の線刻画で絵柄も明瞭で出色なのは，壁面中央部に描かれた人面相と，草原を疾駆するような 5 頭の馬群と，その馬群の先頭に描かれた被り物を付けた人面相である。順次，これらを詳細にみてみよう。

　1）奥壁中央部の人面相（第 2 図 1，写真 1）の特徴[1]——①直径約 37 cm の円形に縁どりした枠内に，蛾眉と称される太い三日月形の眉・切れ長の目・右下がりになる団子鼻・直線と曲線で結んだ口唇・「V」の字状に描かれ顎鬚などが描かれている。②顎鬚の位置が顎の中央部より左側にズレるのは，口唇真下の壁面が剥落しており，そこを避けたからであろう。

　2）疾駆する馬群（第 2 図 8 の①〜⑤）の様態——①馬具が描かれていなの

写真1　早野横穴墓の人面相・1（提供：小池汪，日本写真家協会員）

で，みな裸馬である。②鬣と尻尾を強調して描き，前・後肢も逆「く」の字状にまがる。特に中央の馬（8の②）は，前・後肢を後方に力一杯キックしている。重厚な馬具をつけて，静的に佇む埴輪馬とは根本的に異なる。③馬（8の②，写真2）は，眼や耳まで線刻で詳細に描き，この馬のみ胴部中央には人物の騎乗が確認できる。すなわち裸馬に跨ぐ。人物の上半身は，幾分前傾した姿勢が読みとれる。なお人物が騎乗すると，当然，右足は馬の胴部を跨ぐよう手前にも線刻されなければならないが，そこが省略される。壁画古墳の描写では，平面・立体感が完璧でなかったことを示す好例である。④馬（8の①～④）は胴部を2本線で線刻するが，8の⑤のみ1本線で，特に大きく描く。手前からみた遠近感を意識しているのであろうか。

　3）馬群の先頭に描かれた人面相（第2図7）の特徴——①この人面相は全体的に線刻が太い。「八」の字状に両目，縦に深く鼻を線刻し，横一線の口唇のほか，顎鬚状の線刻が「V」の字状に描かれる。②頭部には丈の高い被

第6章 横穴墓に描かれた線刻画を絵解きする　97

写真2　早野横穴墓の馬・8の②(提供：小池汪)
裸馬に人物が騎乗する

り物・帽子状の物を乗せる。被り物は，高さ約 35 cm，幅約 17 cm の長方形枠内に，約 1 cm 間隔で 12 本前後の線が縦位に垂下し，それと直角状に横位の線刻が数本認められる。③朴訥とした表情は，千葉県芝山町の姫塚古墳から発掘された，帽子を被り逆三角形状に立派な顎鬚をたくわえた人物埴輪を連想させる。

　奥壁部中央に描かれた人面相，躍動感に溢れる馬群，その馬群の先頭に描かれた人面相などから，歴史的な背景が垣間見えてくる。直截的にいえば，古代の牧場風景の一齣を彷彿とさせる。すなわちこれらは，牧場を疾駆する馬群（8の①～⑤）であり，裸馬に跨る人物（8の②）は，おそらく調教する者を動的に描写したのであろう。馬の先頭に描かれた人面相（第2図7）は，牧場の管理に深く携わった墓主であろう。人面相（第2図1）の北西側に縦線 3 本・横線 5 本で描いた長方形の線刻画（第2図4）を，東北南部の線刻画などの考古所見から，大竹憲治は葬送用の幡(ばん)とみる（大竹 1986）が，早野

横穴墓の線刻画の場合は，牧場をひろく見渡せる櫓のような俯瞰用の構造物と解釈したほうが，画題としては調和するとわたしは考えている。

4) 奥壁部中央に描かれた人面相（第2図1）の解釈——奥壁部中央に描かれた人面相は，線刻画としても鮮明であり，きわめて秀逸である。わたしは蠅のように狭蠅なす悪鬼・妖魔から，墓主を護るために睥睨しているポーズであろうと推測している。詳しくは，あとで東京都町田市西谷戸5号横穴墓の線刻画を考察するなかで再論する。

(2) 線刻画から原風景を検証する

古文献から石川牧を検証する　まず最大の特徴である躍動的な馬群（8の①～⑤）をもとに，古文献学から三輪修三が検討した（三輪・村田1975）。結論的には，馬群の絵柄から牧馬の存在を想定する。現に延喜式巻四八には，武蔵国四御牧の一つとして石川牧の記載がある。しかしながら，早野横穴墓が築造された7世紀中葉とは明らかに時期的な懸隔があって，両者を牽強付会することはゆるされない。

歴史学的には，武蔵国が蝦夷と境を接し，『続日本紀』には坂東軍士の陸奥出兵記事などが散見されることから，三輪は御牧の前身に，多摩・都筑・橘樹の三郡から編成された「多摩軍団」が存在していた可能性が非常に高いと考えられた。加えて「都筑郡高田郷石川」には，石川牧の遺名とする「元石川村」（第1図6）が存在するという吉田東伍の説を踏まえながら，早野の周辺にも，多摩軍団用に駿馬を調教・飼育する牧馬が存在していた蓋然性を主張された。逆説するならば，多摩軍団の牧馬としての使命を終え，それが勅旨牧へと発展的に継承されたと考えられたのである。

考古学的な知見を直視する　考古学的な資料も近年集積されてきたが，そのすべてを等しくふれる余裕はないので，かぎられた範囲で紹介する。

早野横穴墓の位置から，鶴見川を約3.3km遡及した東京都町田市能ヶ谷町周辺の遺跡調査で，馬に関連する幾つかの考古学的な所見がある（小出・飯島ほか1972，小出・椙山ほか1974）。まずそれらを概観する。

1) カゴ山横穴墓（第1図4）Ⅱ区7号墓（7世紀後半）の羨門部南壁からは，馬と二人の人物と思われる線刻画が発見されている（写真3）。横幅10cm・

縦幅9cmほどの大きさで、早野横穴墓のそれと比較すれば、幼稚であり萎縮している図柄である。しかし横穴墓は未開口であったというから、築造時の線刻画として認めてよいであろう。

2）鶴川遺跡群（第1図5）H地点からは、平面形60×40cm前後、深さ40〜50cm前後で、穴の底面を搗き固めた長方形の角柱穴が9列、平均間隔幅2.4m前後をもって発掘された（第3図上）。その最大長は

写真3　カゴ山横穴墓に描かれた線刻画
（小出・飯島ほか1972）

54m、最大幅は21.5m。調査者は、柱間(はしらま)が1.5m前後であるから、そこに横木を渡して固定したもので、馬牧に関連する繋飼場(けいしば)と考えられた。角柱穴の時期は、竪穴住居跡との切り会いから、7世紀後半以降と考えられた。ちなみにH地点の東北側には、逆「く」の字状に曲る幅40〜50m、長さ2km余りの深い谷戸が湾入している（第3図下）。急峻な谷戸に馬を放って、入口部に馬柵棒(まさくぼう)を構えれば、谷戸全体が馬牧になるわけで、野馬でも35度以上の角度があると斜面を駆けのぼれない。馬込・駒込・籠馬谷(ろうばやと)などの地名原義を彷彿とすることができる。さらにH地点の東北側には、角柱穴の方向にむけて人工的に約20m幅に掘り下げた切り面がある（第3図下アミ掛け）。これは馬を追い上げる前段の「馬寄せ場」とも考えられる。こうしてH地点の繋飼場、深い谷戸地形、「馬寄せ場」的遺構の三者をつなぐ強い相関性が浮かんでくる。早野横穴墓周辺の地勢も谷戸が鋭く湾入している。

3）近年、松崎元樹は発掘成果から、武蔵国多摩郡域の牧を考察する（松崎2008）。要約すれば、東京都町田市の木曽森野遺跡などから発掘される、直線的に長く掘られた深さ1m以上もあるV字溝を「牧の区画溝」とみなす。さらに、多摩ニュータウン遺跡群から発掘される焼印（鉄の印）や馬具(はみ)（銜）などの存在から、周辺に常用馬の飼育や、馬疋(うまひき)生産にかかわる遺跡の

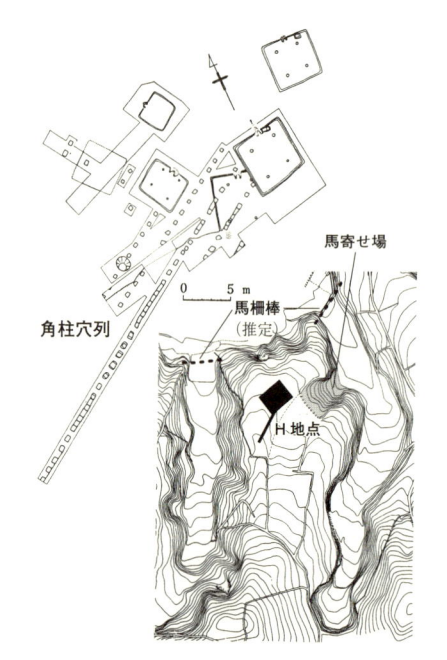

第3図　鶴川遺跡H地点の角柱穴列と周辺地形
アミかけ：馬寄せ場（推定）。上下の図は同一方角

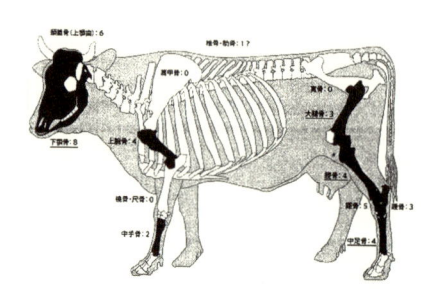

第4図　上っ原遺跡出土の牛骨の被熱痕
アミかけの濃度で出土量を示す（植月 2010）

存在を推測する。

かくして馬の調教・飼育には，2）と3）のような二つの様態が浮かんでくる。

4）東京都多摩市の上っ原遺跡から発掘されたA地区2号竪穴住居跡（9世紀半ば）は，焼失建物で，そこから4体分の牛骨が発見された（平野・宮澤 2010）。牛骨を鑑定された植月学によれば，骨格は解剖学的な位置をとらないとする（第4図）。食肉は別の場所でなされ，遺跡には骨髄利用のために持ち込み，目的をもって被熱した。おそらく脳漿や骨髄は，皮なめしに利用し，骨の被熱痕は，造皮技術における「焼柔熏烟」を連想させる（植月 2010・2011, 小林1962）。上っ原遺跡は，小野牧の推定位置とも直結しているので，飼育・調教中の牛馬が死ねば，当然，至近の官的な工房にもちこまれ，皮革として利用されたのであろう。上っ原遺跡での所見はまさにその一環としてとらえられる。

ここであげた諸遺跡の所見と，早野横穴墓との関連性は，時期的な関連性を含め今後慎重に検討をすすめなければならない。しかし，古代武蔵国の多

摩・都筑・橘樹の歴史的な環境を広く考察するうえで，これらは今後間違いなく重要な課題として浮上してくる。

(3) 早野横穴墓の線刻画を小括する

早野横穴墓の奥壁部に描かれた，草原を疾駆するかのような馬群などを，単純に抒情的な牧歌的風景としてとらえることはできない。古文献や，周辺の考古学的な資料をつきあわせれば，これが馬牧で調教・飼育する風景の描写であった可能性を排除していない。ただし横穴墓・線刻画が築造・描写された時期と，地理的・地勢的に想定できる平安時代の勅旨牧「石川牧」との関連性には，まだ相当に埋めがたい時間差がある。今後，勅旨牧の前身として十分に想定できうる多摩軍団の実態が，鶴川遺跡H地点を含め考古学的な発掘成果として把握できるかどうかに大きな期待を寄せている。

奥壁部中央に描かれた人面相の絵解きは，すでにふれたように東京都町田市西谷戸5号横穴墓の線刻画と関連づけて考察する方が説得的と思われるので，つぎに西谷戸5号横穴墓の線刻画の絵解きに挑戦してみたい。

2. 西谷戸5号横穴墓の線刻画 (東京都町田市三輪町所在，第1図2)

西谷戸横穴墓群は9基で構成される。昭和56〜59年に実施された町田市三輪土地区画事業の一環で調査され，成果は公開されている（浅川・戸田ほか1989）。最近わたしは，西谷戸5号横穴墓（以下，西谷戸横穴墓）の写真図版をみて，早野横穴墓の人面相（写真1）に酷似していたのにおどろいた。調査を担当された玉川文化財研究所から写真を提供いただき，比較検討した所見はすでに開陳してきた（村田2012）が，早野横穴墓との相関性を含めて，あらためて線刻画の絵解きに挑んでみたい。

まず位置についてであるが，西谷戸横穴墓と早野横穴墓と町田市能ヶ谷町のカゴ山横穴墓の三者は，鶴川に沿って至近の位置にある。最下流の早野横穴墓から，直線で2kmほどさかのぼると西谷戸横穴墓，さらに直線で1.8kmほどさかのぼるとカゴ山横穴墓にいたる（第1図）。

(1) 横穴墓・線刻画の特徴を概観する

発見にいたる経緯 すでに大きく開口していた横穴墓である。昭和56年以

降の調査で，玄室床面を精査して圭頭大刀を得るなど貴重な成果を挙げる。しかし線刻画は，開口していたこともあり十分検証されなかったが，写真は十全の配慮で撮影されていた（写真4）。平成23年6月3日，畏友中野敏雄の御協力を得て，線刻画の現状を間近かで確認することができた。

横穴墓の規模や遺物など　玄室部の平面形は両袖が明瞭な逆台形で，奥壁部の最大幅は3.55m，最大高2.6mを測る。玄室前面に段差をつけて，羨道部との境界を明瞭にしている。羨道を中心にして敷石が認められる（第5図）。報告書では，敷石は後世人為的に玄室部から掻き出され，現位置に集められたとする。しかし4号横穴墓では，玄室部には敷石がなく，羨道部のみに敷かれていたので，5号墓もその可能性はあろう。関連して，玄室部と接する羨道部の左側壁沿いから，圭頭大刀が散乱状態で発見された（第5図）。報告書では，玄室部の敷石を掻き出した時に一緒に動かされたものとみている。しかし4号横穴墓の敷石の解釈から，圭頭大刀も当初からこの位置の壁面に立て掛けてあったものとわたしは考えている。推測の根拠は，また後で詳論する。墓は7世紀第2四半期の築造と想定されている。

描かれた線刻画の特徴　横穴墓は外部から注ぐ日照で壁面は乾燥し，肌荒れ状態にあった。目的の線刻画は，奥壁に向かって右壁面，方角でいえば鬼門にたる東北壁面に，人面相が2面確認できた。奥壁側を人面相A，羨門側を人面相Bとする（第5図壁面）。写真4では人面相Bのさらに羨門側に，楕円形に描いた人面相Cがあって，それが追葬時にえぐり取られたものと疑ってみた。しかし現地で実見したときには，壁面が肌荒れしていて，そのような微妙な所見は確認できなかった。よって人面相Cは，その可能性だけを指摘し，ここでは人面相A・Bを絵解きの対象とする。

1）人面相Aの面相的特徴（第7図1）――中心部の鼻は，奥壁隅から羨門部にむけて約1.05m，床面から1.12mの位置にある。周囲には細線が複雑に交差する。それらも面相を構成する一部かも知れないが，確証がないので省略し，写真4から確実な面相要素をなぞって図化した。①眉は蛾眉と称する三日月眉で，中心部の折れる部分の描線は太くシャープである。眉間に縦皺が入る。②両目は，蛾眉にあわせた太目の線で描く。ただし1本線による

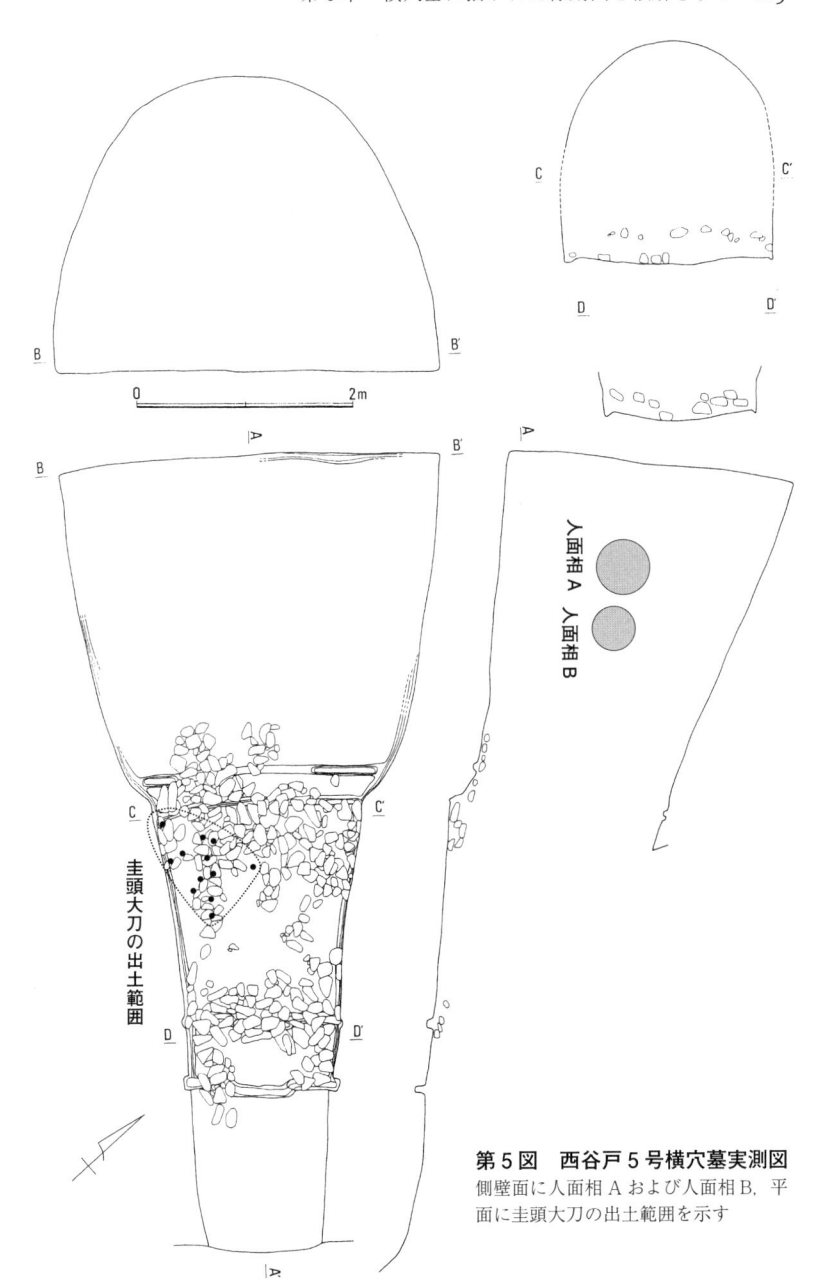

第 6 章　横穴墓に描かれた線刻画を絵解きする　103

第 5 図　西谷戸 5 号横穴墓実測図
側壁面に人面相 A および人面相 B，平面に圭頭大刀の出土範囲を示す

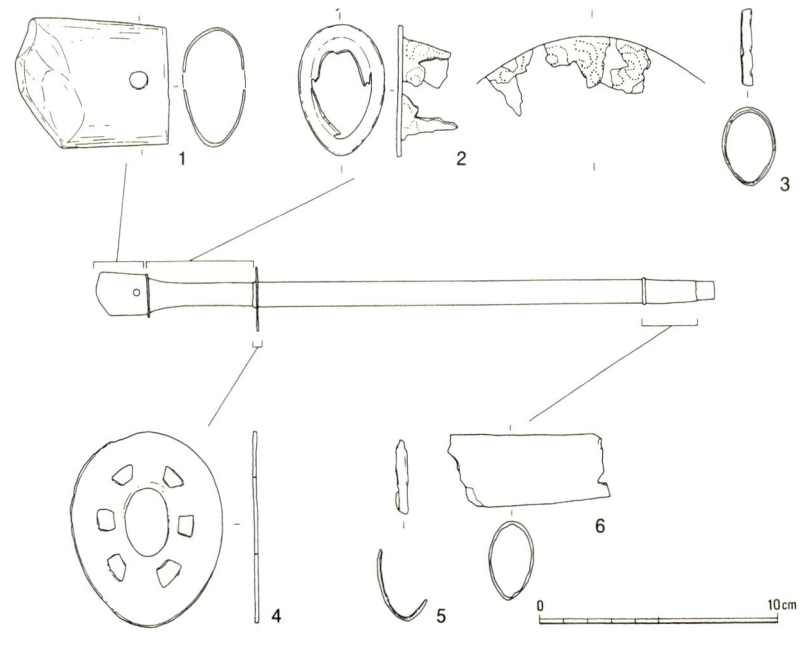

第6図　西谷戸5号横穴墓の圭頭大刀実測図

線刻で，目の玉（黒目）は描かれていない。③鼻はいわゆる団子鼻で，眉・目と連続的に描かれる。結果的に眉・目・鼻部が集約し，この人面相の最大の特徴となる。④口唇は，上唇と下唇を軽く結ぶ。⑤顎鬚の表現はない。⑥人面相の輪郭は，左右で最大約53 cm・上下で56 cmをはかり，眉間部がさがってハート形になる。

　2）人面相Bの面相的特徴（第7図2）——中心部の鼻は，奥壁隅から羨門部にむけて約1.52 m，床面から97 cmの位置にある。①眉は人面相Aほどには強調していないが，描いた作者の心根は通底していよう。現に眉間には細い縦皺が入る。②両目は，少し太目の線が眉にあわせて平行的に描かれる。目の玉（黒目）は描かれていない。③鼻はいわゆる団子鼻で，眉・目と連続的に描く。これらは人面相Aの特徴といちじるしく共通する。④口唇は，横一線で厳しい表情である。鼻と口との間にある縦線は，鼻下にある溝・

第 6 章　横穴墓に描かれた線刻画を絵解きする　105

写真 4　西谷戸横穴墓の線刻画
左：人面相 A　右：人面相 B　（B の右上：えぐり取られた可能性を示唆する人面相 C）

「人中(じんちゅう)」を表現したものか。⑤顎鬚の明確な表現はないが，口下に鋭いタッチの切り込みがあるので，その可能性はある。⑥輪郭は人面相 A より明瞭で，左右で最大約 43 cm・上下で 40 cm をはかる。全体形はハート形となる。人面相 A とは隣接しているが，輪郭線は交差していない。

　3）近年の悪戯画の可能性を否定する──繰り返すまでもなく，人面相 A・B の特徴は多くの点できわめて酷似する。さらに顔部分のみで，頸・肩部以下の線描を欠いている点も重要である。近年の悪戯画であったならば，ここまで酷似して線刻する必要はなかったであろう。逆説すれば，特徴を酷似させた複数の人面相を，横穴墓壁面に線刻する厳然たる理由が存在したということである。その理由は後で考察する。

　早野横穴墓の人面相との比較　西谷戸横穴墓の人面相 A・B への関心は，早野横穴墓の人面相（写真 1）との類似性から端を発した。早野横穴墓の人面

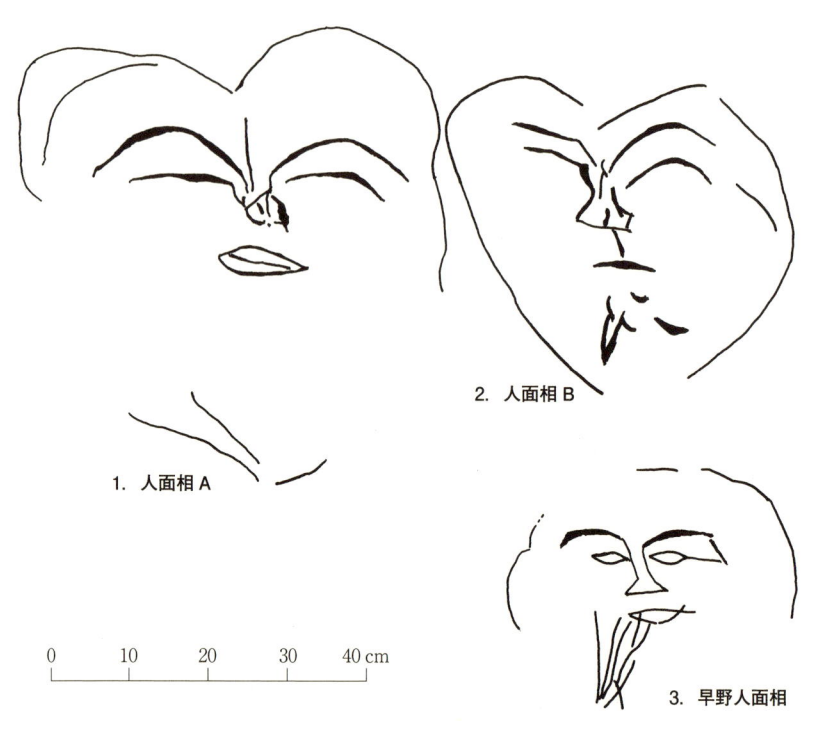

第7図　人面相の線刻画（いずれも写真より作図）
1：西谷戸5号墓人面相A　2：同人面相B　3：早野奥壁中央人面相

相と比較するためには，既に報告されている人面相（第2図1，第15図3）ではなく，鮮明な写真をもとに追刻した可能性のある線刻を排除した人面相（第7図3）を再確認して，それと比較してみる。

　1）西谷戸人面相と早野人面相の比較——①早野人面相の眉は，三日月眉で描線は太くシャープであり，人面相Aとの類似性は顕著である。②両目は人面相A・Bと異なり，上下に線刻して両端部があわさり，目は見開く。報告書では黒目が描かれるが，写真で再確認してみると追刻した線と偶然重なったもので，第7図3のように黒目はない。壁面がキャンバスであるから，微妙な黒目の線刻は無理なのであろう。③鼻は，人面相A・B同様の団子鼻で，そこに眉・目部が集約的に描かれる。④口唇は，あきらかに開き，きつ

く結んだ人面相Bとの違いは顕著である。⑤顎鬚と思われる逆三角形の表現が認められる。口唇の中心より左側に偏するが，それは口唇真下の壁面が剝落していたので，それを避けたため。⑥人面相のサイズは，人面相Bに近い。ただし輪郭線はハート形でなく，楕円形である。

　このように早野人面相と西谷戸人面相は，一部に異なる表現が認められるものの，総体的な特徴は類似性に横溢している。言葉をかえれば，西谷戸人面相A・Bが，近年の悪戯画である可能性を再び強く否定する。また輪郭線がハート形・楕円形の違いがあっても，人面相のみの描写という共通性も看過できない。

相模国の人相面線刻画との比較　比較資料の範囲を広げてみよう。相模国や南武蔵の横穴墓には線刻画を描いた横穴墓が多く，近年，柏木善治によって総合的にまとめられている。その成果に学びながらさらに検証をすすめたい（柏木2003）。

　柏木の集成によれば，人面相を描いた線刻画は24基で，最も普遍的な絵柄である。それらは顔面部分のみを強調する絵柄と，顔＋上半身ないしは全身描写の2類に分けられる。早野と西谷戸両横穴墓例は，前者である。しかし，著名な神奈川県大磯町の庄ヶ久保第8号横穴墓（7～8世紀）の奥壁部6面および左側壁3面の人相面（第8図）と比較しても，人面相の描写に共通する特徴はあげがたく，早野・西谷戸両横穴墓に描かれた人相面の特異性が際立つ。なお柏木は，早野横穴墓の人面相（第2図1）と馬群（第2図8の①～⑤）で

第8図　相模国の人面相
神奈川県庄ヶ久保第8号横穴墓の線刻画

は，前者の線刻時期が新しい，つまり追刻された可能性を示唆する。が，わたしは両者が奥壁部キャンパスに同時的に描かれてこそ，黄泉の世界で効能があったと考えている。

人面相墨書土器の面相との比較　この種の人面相を前にすると，間接的な比較資料として，人面相墨書土器が想い浮かぶ。手許に東国の人面相墨書集成資料集がある（小池編2004）。それらから比較検討をしてみよう。

　人面相墨書土器は，都城のほか，東海道諸国から陸奥にかけての太平洋沿岸ルートの遺跡から数多く発掘されている。さきの集成資料集は，滋賀・三重県以東，東北地方にいたるまでの24都・県内の土師器（坏・甕・長胴甕）に描かれたものを対象としている。帰属する時期が明瞭な162例中の内訳は，8世紀代が52例（全体比で32%），9世紀代が89例（55%），10世紀代以降が21例（13%）。さらに絞れば，8世紀半ば以降から9世紀前半までの100年間に，83例（51%）が集中している。一方，確実な7世紀代は2例のみ。横穴墓に線刻画された人面相とは，半世紀から1世紀近い時間的な懸隔がある。また，一口に人面相墨書と称するが，そこには疫病神除けの道教系呪術である「人面」のほか，「神面」・「仏面」なども含まれている[2]。

　このような前提はあるが，墨書人面相土器の幾つかの人面相（第9図）と，早野横穴墓および西谷戸横穴墓の人面相A・B（第7図1〜3）とを比較，検証してみる（第1表）。①眉は人面相墨書でも，三日月形（蛾眉）が基本。この眉形は，8世紀以降にも通底する最大の特徴。②目は人面相墨書ではしっかり見開き，なかに黒目を描く。この点では，西谷戸人面相A・Bとは明確に異なる。早野人面相とは見開く目は共通するが，既にふれたように黒目の表現はない。③鼻は人面相墨書でも団子鼻が主流であるが，鼻筋が明瞭に描かれる事例も少なくない。人面相墨書では，両脇に張り出す小鼻の描写も確認できる。また三角形状に大きく鼻を描く手法も現れる。④口唇は，早野人面相と同じように，上下の唇を軽くあわせるポーズとか，軽く開いた状態が基本である。横一文字の西谷戸人面相Bとは異なる。⑤顎鬚が描かれていない人面相墨書土器は結構多い。描かれる場合は，逆三角形で早野人面相と類似する。⑥顔の輪郭線は，円・楕円形が基本で早野人面相と類似するが，

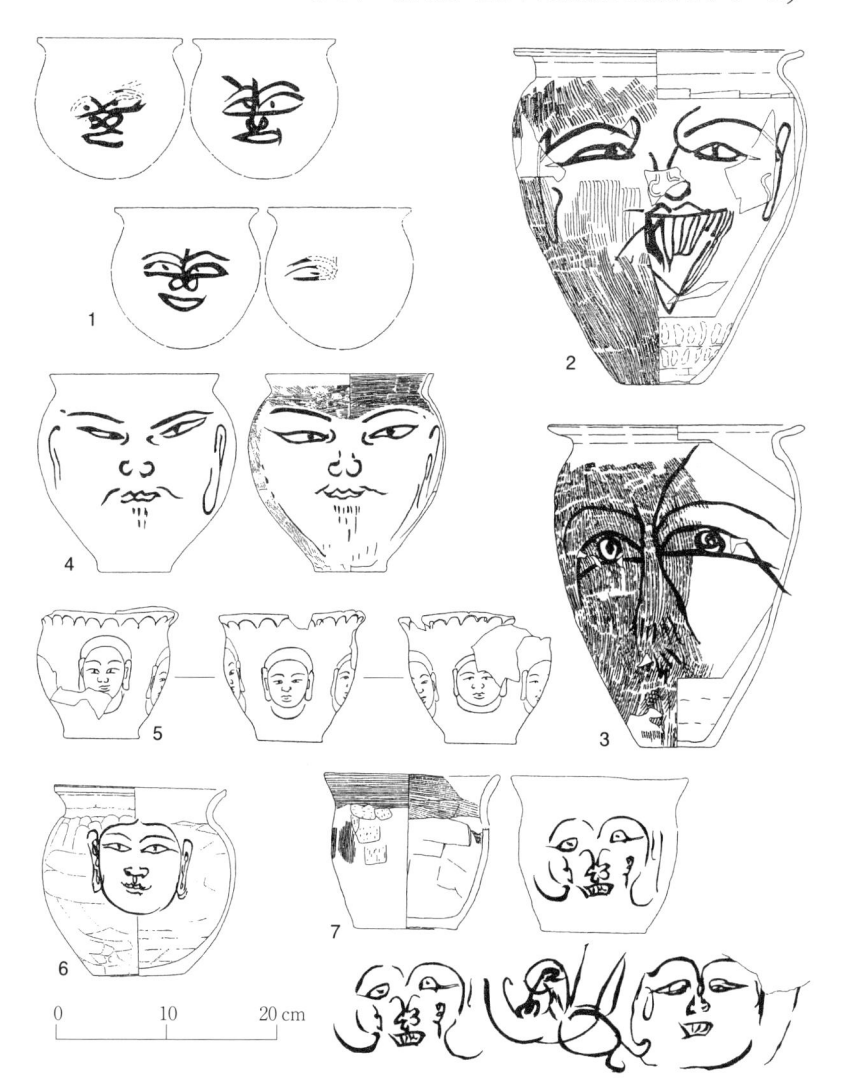

第6章 横穴墓に描かれた線刻画を絵解きする 109

第9図 東国各地の人面相墨書土器
1：滋賀県下々塚遺跡（8世紀後半） 2・3：静岡県御殿・二ノ宮遺跡（8世紀後半） 4：静岡県箱根田遺跡（8世紀後半） 5：同遺跡（9世紀後半） 6：千葉県八木山ノ田遺跡（8世紀後半）
7：宮城県市川橋遺跡（8世紀後半）
(『シンポジウム古代の祈り：人面墨書土器からみた東国の祭祀 発表要旨 東国人面墨書土器集成』2004より選択し，転載した)

第1表 描かれた人面相の特徴の比較

	西谷戸 (人面相A)	西谷戸 (人面相B)	早野 (奥壁中央)	人面相墨書画 (普遍的な特徴)
①眉	三日月眉(長目)	三日月眉(長目)	三日月眉(長目)	三日月眉 (一様に長目に描く)
②目	やや太目 (一見,伏し目状)	やや太目 (一見,伏し目状)	見開いた状態 (黒目表現無し)	見開いた状態 (黒目表現が明確)
③鼻	団子鼻 (眉・目と一連に描く)	団子鼻 (眉・目と一連に描く)	団子鼻 (眉と一連,鼻筋やや通る)	鼻筋(鼻孔)表現が明瞭。団子鼻を含む一方,逆三角形状の具象的な表現もある。
④口唇	横一文字 (少し開き気味)	横一文字 (鼻との間に人中か)	開口状態	軽く結ぶか,開口状態が基本
⑤顎髯	無	無 (刺突で表現か)	線刻で逆三角形 (口唇より左にずれる)	事例は少なくない (描く場合は逆三角形が多い)
⑥顔輪郭	細線でハート状	細線でハート状	細線で楕円形状	無が原則 (描く場合は円・楕円形状が多い)
⑦時期	7世紀第2四半期	7世紀第2四半期	7世紀中葉	最盛期 (8世紀後半～9世紀前半)

ハート型の西谷戸人面相A・Bとは若干異なる。

　幾つかの相違する点は，後期古墳と律令祭祀という思想的な背景の違いに加えて，横穴墓壁面に，ある程度の時間をかけて比較的大きく線刻する手法と，土師器の表面に，小さく墨と筆で一気に描くというとキャンパスの違い，あるいは7世紀第2四半期～後半(横穴墓)と，8世紀後半～9世紀中葉(人面相墨書)という時間差など，幾つかの理由が複合していよう。

　なお，千葉県八千代市の上谷遺跡からは，土師器坏(内黒土器・9世紀第2四半期)の表面に線刻で丁寧に描いた人面相(第10図)が発掘されている(朝比奈・宮沢2004)。眉形や目(ただし黒目なし)は人面相墨書の諸例と酷似する。しかし鼻部の描写がなく，口が開いて歯並びが表現されるなどの違いも明瞭である。歯を見せて笑っているのか，歯を喰いしばって憤怒しているか判断に苦しむが，おそらく後者であろう。

仏像や伎楽面（ぎがくめん）などの面相との比較　つぎに木彫仏や金銅仏，あるいは7世紀前半に，朝鮮半島(百済)からわが国に伝来した伎楽面などの面相との比較

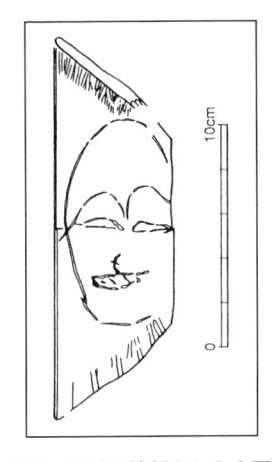

第 6 章　横穴墓に描かれた線刻画を絵解きする　111

第 10 図　土器に線刻された人面相画
（千葉県八千代市上谷遺跡）

写真 5　伎楽面・師小児
（『生まれかわった法隆寺宝物館』
1999 図録より転写）

も避けられない。

　人面相墨書のなかで，千葉県佐倉市の八木山ノ田遺跡の事例（8 世紀後半）は，長く誇張された耳朶，涼しげな目元，軽く結んだ口元，小鼻が張った鼻形，鼻下から口唇部につがる 2 本の人中（溝）などの表現があり，モデルは仏像の御尊顔そのものである（第 9 図 6）。静岡県三島市の箱根田遺跡の円頂相（9 世紀後半）は，地蔵像か僧侶自身であろう（第 9 図 5）。加えて，7・8 世紀の代表的な仏像の御尊顔は，眉線と鼻線がつながり，線刻された人面相との類似性も無視できない。その一方，横穴墓に線刻された人面相には，耳朶や白毫などは描かれていない。鼻形も仏像の端正な三角形とは異なる。この違いは決定的であって，西谷戸人面相 A・B や早野人面相が，仏像をモデルにしていた可能性は確実に否定できる。

　法隆寺に伝わる伎楽面のうち，師子児（獅子をつれて道を清める役）の面相などとも一見類似する（写真 5）。しかし端正な鼻形のほか，こちらも仏像と同様に長い耳朶などが彫りだされている。

　このように 7～9 世紀前後に造立された仏像の御尊顔や，朝鮮半島から伝来した伎楽面と比較した結果，線刻された人面相との脈絡性はほぼ完璧に否

(2) 睥睨をもって辟邪—演出された冥界を推理する

圭頭大刀は壁に立て掛けた　圭頭大刀は羨道部から第5図のように散乱状態で発見されたが，それは調査者が考えられたように玄室部にあったものが掻き出されたわけではなく，前述したように，わたしは当初から羨道部西壁寄りの壁に立て掛けられていたものと推測している。

玄室右側壁・鬼門位に線刻された人面相が睨む視線の先　玄室右側壁の中位に線刻された人面相が目を凝らした視線の先は，その角度から推測すると，玄室中央部になる。すなわちそこは，墓主が横たわる場であろう。以下は，既にふれてきた圭頭大刀の位置なども視野に入れながら，黄泉の世界の絵解きに挑んでみよう。

玄室部の床面上には，奥壁に沿って墓主が横たわる。右側壁の人面相A・Bは，その墓主をじっと凝視していた。人面相の数から，玄室部には二人（三人の可能性もある）の葬儀が考えられる。線刻画の目的は明快で，狭蠅なす悪鬼・妖魔から墓主を護るための睥睨，すなわち周囲を睨みつけ，示威することにあった。そのため鬼の住処になる鬼門の東北位に線刻した。羨道部の左側壁に立て掛けたと思われる圭頭大刀も発見された位置が重要で，金銅製の拵えをもつ強力な刃物の呪力で悪鬼・妖魔を放逐したのであろう。

鋭い切れ味をもつ刃物と，睥睨する鋭い眼光という二重の呪的装置——。これにより冥界に入って跋扈しかねない悪鬼・妖魔から墓主を護る。これが冥界で演出されていたのである。

独断的な絵解きにも客観性がある　このような絵解きは，独断すぎるとの誹りを受けそうなので，若干でも客観性を担保する努力をする。

横穴式石室・横穴墓とも，墓主が永眠する。その玄室空間に，悪鬼・妖魔が棲みつくことは避けなければならなかった。そのための幾つかの呪的装置を，各地の横穴式石室や横穴墓からうかがい知ることができる。

まず，西谷戸横穴墓との類似性が顕著なのが，福岡県城腰遺跡の1号横穴墓の線刻画である（須原1996）。奥壁部の北東隅に人面相が2点描かれる（第11図左と右上）。その眼下が屍床であるからまさに意図は明快で，おそらく墓

第6章　横穴墓に描かれた線刻画を絵解きする　113

第11図　福岡県城越遺跡1号横穴墓の実測図(左) および奥壁部の人面相(右上)
茨城県幡12号横穴墓の人面相(左下，斉藤1965)

主の頭部はその眼下であろう。丸い輪郭線・かっと見開き睥睨する三角形の目（左図）なども特徴的である。これらと類似の人面相は，茨城県幡（ばっけ）12号横穴墓からも発見されている（第11図右下）。大きな目・口が際立つ。

　熊本県鍋田横穴墓では，羨門の外壁に人物・弓矢画などを陽刻し，近寄る悪鬼・妖魔を射落とすぞ，というポーズをとる（第16図7）。熊本県石貫ナギノ8号横穴墓では，玄室部の奥に造り出された屍床正面の屋根に，弓や弓に番（つが）えた矢を線刻する（第12図1）。闖入（ちんにゅう）する悪鬼・妖魔を射るためだ。大分県貴舟平装飾横穴墓を覗くと，玄門部壁面に描いた六つの鋭い鉤状突起をつけた絵柄が目に飛び込んでくる（第12図2）。鋭い鉤状突起のモデルは，スイジガイ（水字貝）である。近寄る悪鬼・妖魔を，その鉤に引っ掛けて墓

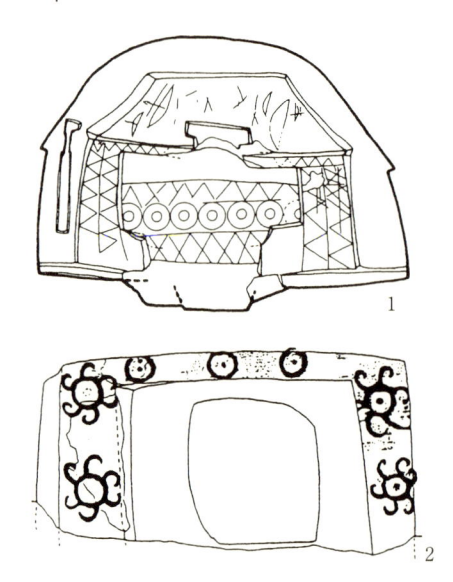

第12図 墓主を護る線刻画
1：石貫ナギノ8号横穴墓　2：貴舟平横穴墓（辰巳2003）。両横穴墓にみえる同心円文にも「辟邪」の機能があった。

主を護るためである（辰巳2003・村田2007）。九州地方の事例を挙げるまでもなく、後で詳しくふれる川崎市麻生区の王禅寺白山横穴墓からも、同根の思惟・思想にもとづく線刻画が発見されている。

　刀剣からも呪的な示威が垣間見られる。埼玉県吉見市のかぶと塚古墳では、鞘を抜いた圭頭大刀を壁面に立て掛ける（傍点は村田）。同県大宮市の台耕稲荷塚古墳では、奥壁に3本（うち2本は鞘を抜く）の直刀を切っ先を下にむけて立て掛ける。墓主の思考機能が集約した頭部を護るためであろう（村田2011）。茨城県霞ヶ浦市の風返稲荷山古墳は、7世紀第1四半期の前方後円墳で、横穴式石室の後室に3基の石棺が納まる（日高・桃崎ほか2000）。その前室部の奥部右袖石周辺からは、4本の直刀が発見された（第13図）。2本は切っ先を下にして立て掛け、横転していた2本も当初は立て掛けてあったとされる。後室の石棺内に眠る墓主に、悪鬼・妖魔が狭蠅しないよう、ここでも刃物に呪的な機能が期待されていたのである。島根県出雲市の中村1号墳は、6世紀末から7世紀初頭の円墳で、銀装の大刀が横穴式石室の前室袖石に立て掛けた状態で発見されており、わたしは風返稲荷山古墳と同義の装置であった可能性を推測している[3]。韓国全羅南道の羅州伏岩里三号墳五号石室（7世紀）でも、横穴式石室の玄門に圭頭大刀を立て掛けていた。この種の文化は、東アジア的な視野から眺める必要性が示唆されているとも受け止められる。

　では一転して、もっと至近の事例でみてみよう。

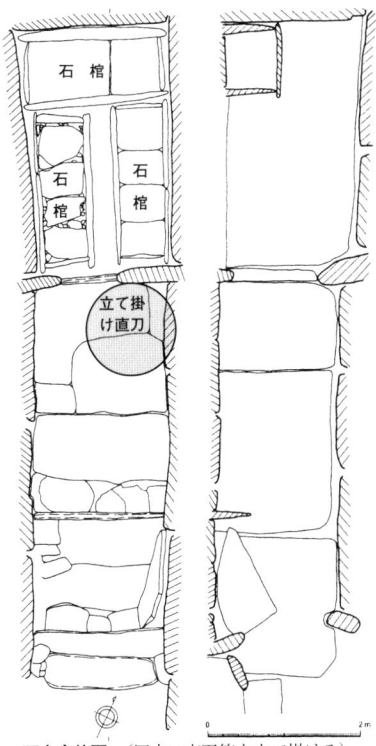

第 6 章 横穴墓に描かれた線刻画を絵解きする 115

石棺／石棺／石棺／石棺
立て掛け直刀

石室全体図。(円内に直刀等を立て掛ける)

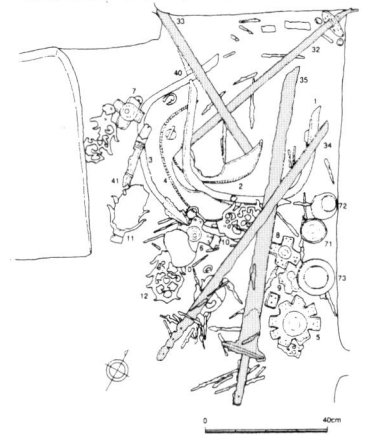

円内の詳細図。(アミ：袖石に立て掛けた直刀)
第 13 図　風返稲荷山古墳の横穴式石室

　川崎市高津区久地西前田横穴墓群のうち，第 1 次 5 号墓（未開口）からは，狭い玄室の前方部から全長 48.4 cm の直刀 1 本が発見された（竹石・浜田ほか 1998）。当初は，壁に立て掛けていたのであろう。同大刀については，近年，鐔部から交互重半円文の銀象嵌が確認されている（林 2012）。同横穴墓の第 2 次 2 号墓（未開口）からも足金具を伴う全長 74 cm の直刀が，玄室部前方の壁際から発見されている。これも壁に立て掛けてあった可能性を示唆する。

　これらの所見から再び西谷戸 5 号横穴墓の圭頭大刀に想いをめぐらせてみると，それは羨道部の西壁寄りにあって，墓主が眠る玄室との境界域にあたる。悪鬼・妖魔が境界域を超えても，玄室部には恐ろしい形相で二面の人面相が睥睨していた。睥睨することこそが，冥界で狭蠅なす妖魔・悪鬼の辟邪に通底していたのである。

　このような考察が可能であれば，早野横穴墓の奥壁部中央の人面相（第 2 図 1）を，わたしはこれまで墓主の人面相と理解し，その意義づけを論じてきたが，その推察は

ここで撤回したい。早野横穴墓の墓主は，奥壁部下方の馬群（第2図8の①～⑤）の先頭に描かれた人面相（第2図7）がより相応しく，奥壁部中央の最上の位置に描かれた人面相は，その墓主の周辺に狭蠅しかねない妖魔・悪鬼を，真正面から睥睨して辟邪するために描かれたものであろう。

(3) 西谷戸横穴墓の線刻画を小括する

西谷戸横穴墓の線刻画は長らく開口状態にあったため，明らかに近・現代に書き加えられた悪戯画が目立つが，鬼門にあたる側壁部から確認された人面相A・Bにかぎれば，横穴墓築造にあわせて線刻されたものと結論づけられる。人面相や圭頭大刀から垣間見られる諸相の検証は繰り返さないが，総括すれば杳として姿・形を見せぬ悪鬼・妖魔から，いかにして墓主をガードするか，人智を凝らしての知恵比べであった。つぎにあげる王禅寺白山横穴墓の線刻画には，もっと見事な人智が結集されていた。

3. 王禅寺白山1号横穴墓の線刻画 （川崎市麻生区王禅寺字白山所在，第1図3）

王禅寺白山横穴墓は既開口の6基で構成され，そこに線刻画があることは概報されていた（東原1984）。これを受け川崎市市民ミュージアムでは，平成4年5月から3基の記録保存を試み，わたしも調査者の一人として関わった。3基のうち2・3号横穴墓は広く開口していた。1号横穴墓は開口部がきわめて狭窄で，衣服を汚して窮屈な姿勢でやっと潜りこんだところ，壁面に線刻画が認められた。ここでは1号横穴墓の線刻画を扱う。概報では，線刻画の存否にはふれられていない。暗くて気づかれなかったのであろう。

王禅寺白山横穴墓については，川崎市市民ミュージアムから報告書が刊行され（浜田・村田ほか1993），わたしも報告書をもとに卑見（村田1998）を纏めた経過がある。早野横穴墓や西谷戸横穴墓の成果も参酌し，あらためて現時点における線刻画の絵解きに挑んでみる。

本横穴墓は，鶴見川の左岸を直線で約1.5km北方に入った丘陵地にあり，早野横穴墓や西谷戸横穴墓群とは，直径約2.6kmの円内におさまる至近の位置にある（第1図）。

(1) 横穴墓・線刻画の特徴を眺める

横穴墓の規模など　主軸方位は N − 14° − E。断面がドーム形の天井で、もっとも高いところで玄室面から 1.74 m。平面形は羽子板状（第14図右上）。羨門部や羨道部には、覆土が厚く堆積していた。調査目的が線刻画の記録保存にあったので、排土は必要最小限にとどめた。玄室には奥壁に沿って台形の棺座がつく。棺座の先端部には、高さ5cmほどの縁部が取り付く。玄室部の全面に、川原石が敷き詰められていることを確認している。玄室部は、奥壁から玄門までが3.6mで、その先の羨道部は約50cmまで確認している。遺物は未検出であるが、平面形などから推測すれば、7世紀中葉前後の築造であろう。

遺存良好の線刻画　線刻画は豊富で、遺存良好であった。それらは奥壁と東・西両側壁・天井部に描かれていた（第14図）。絵柄としては連続三角文・楕円形文のほか、弓矢・建物・樹木などの具象的なモチーフで構成される。これらは先端が細い鋭利な鉄製品で描いたと推測できる。早野横穴墓や西谷戸横穴墓の線刻画に比べると、繊細なタッチである。一見して、近年の悪戯画と判断できるような線刻画は認められない。事実上は未開口の横穴墓とかわらないので、線刻画は横穴墓の築造時期か、それに深く関わる時期に描かれたものと判断している。壁面は、調査時点でも岩盤の水脈を通して湿気に満ちていた。高い湿度のまま安定した墓内の環境が、結果的に繊細な線刻画の保存に良好に作用していたことになる。

各壁部の線刻画を眺める　まずは全体的な特徴を、壁毎に整理してみる。

1) 奥壁部には、人面相2件、弓矢3件、建物2件、翳（さしば）1件、樹木1件の9件が描かれる。①中央部の人面相1（第15図1）は、顔の輪郭線を楕円形に囲い、豊かな枝ぶりの樹木1、小さく描いた建物1・2（第15図6・7）などとあわせて際立つ。②奥壁中央部の削り痕跡は、当初、そこに人面相があり、西谷戸横穴墓と同様、その後事情が生じて削り取ったなどの想像力を膨らませるが、ここではこれ以上の詮索は自重しておく。

2) 東壁部には、人面相1件、弓矢9件、樹木4件、連続三角文1件、不明画3件の18件が描かれる。①東壁部には弓矢の絵柄が集中し、これが最

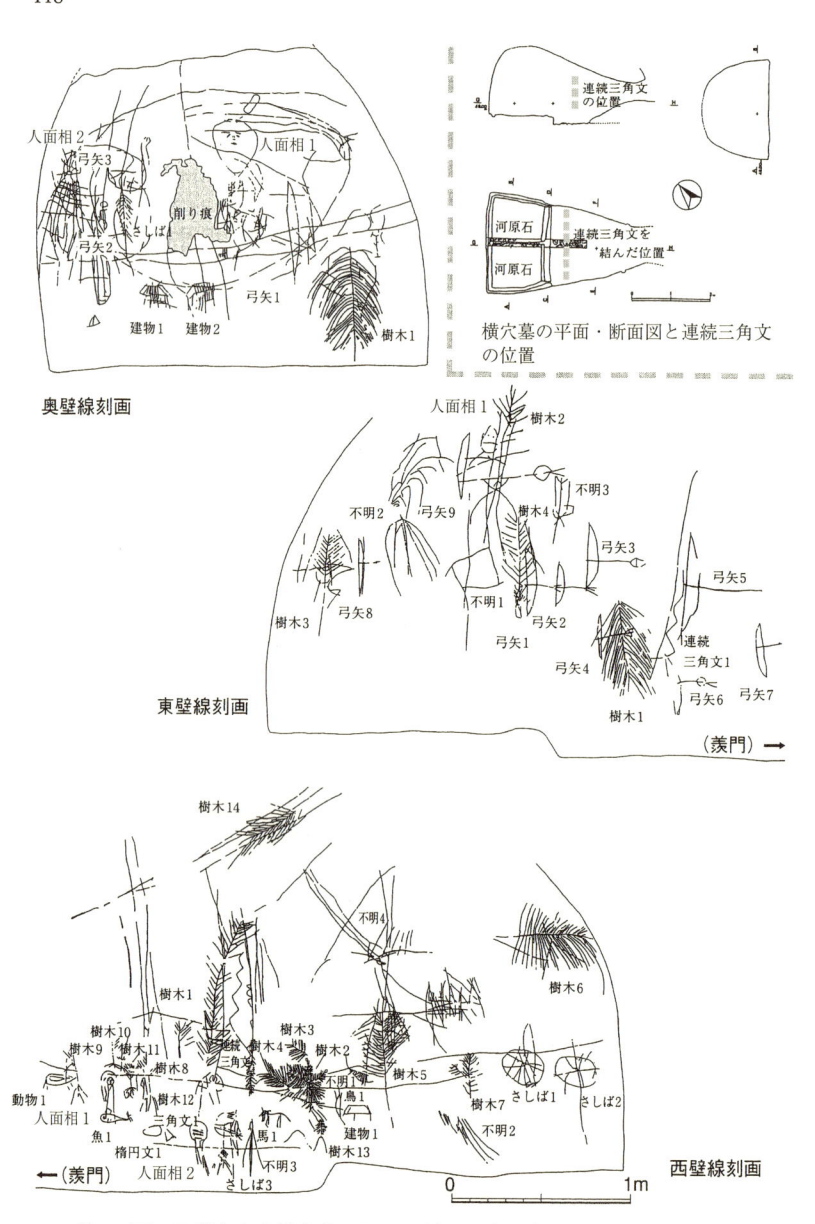

第14図　王禅寺白山横穴墓の平面・断面図（右上）と各壁面の線刻図

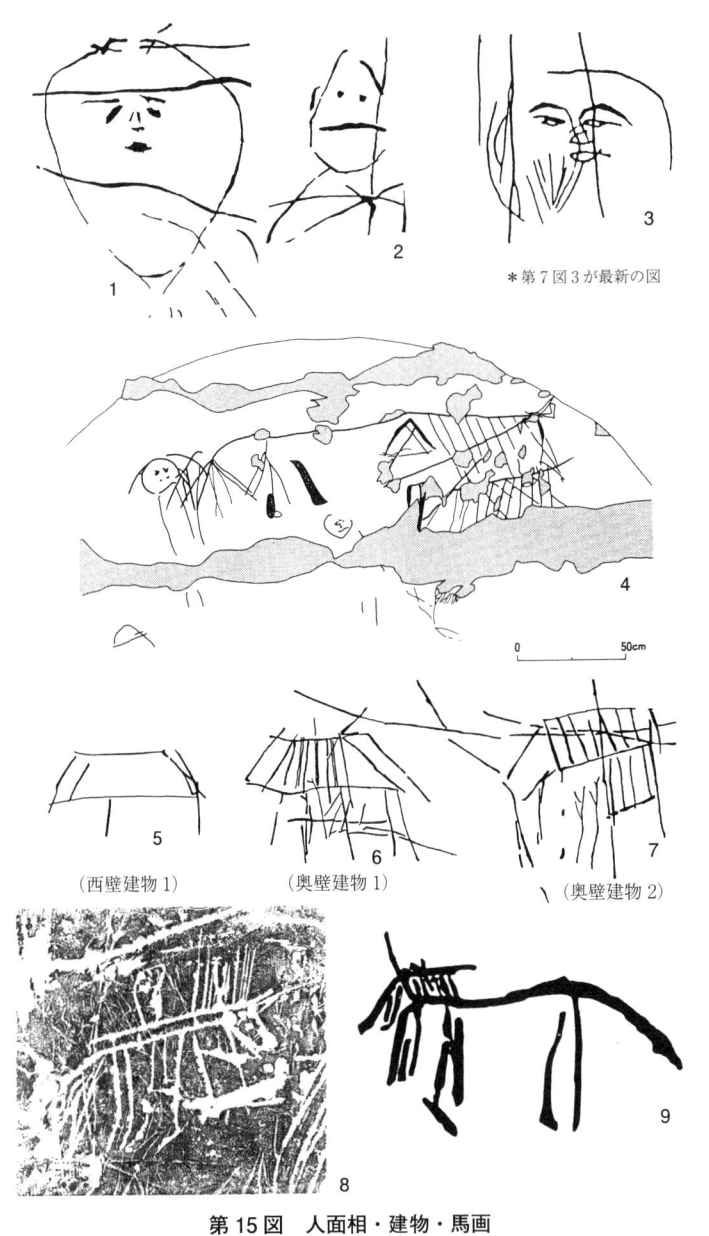

第6章 横穴墓に描かれた線刻画を絵解きする 119

＊第7図3が最新の図

(西壁建物1)　(奥壁建物1)　(奥壁建物2)

第15図　人面相・建物・馬画
1・2・5～7・9：王禅寺白山横穴墓　4：久本横穴墓　3・8：早野横穴墓

写真6　王禅寺白山横穴墓の東壁線刻画
弓矢画2・3ほか（撮影・小池汪）

写真7　王禅寺白山横穴墓の西壁線刻画
連続三角文・樹木画・馬画ほか（撮影・小池汪）

大の特徴（写真6）。ちなみに，反対側の西壁部に弓矢は1件も線刻されていない。弓矢は相互の線が一部重複し，樹木とも重なる。よって追刻された線刻画がある可能性を示唆している。②壁面の中央上段の人面相1(第15図2)は，顔の輪郭線が楕円形（お結び形）で，奥壁の人面相1と類似した風貌であるが，こちらは明らかに肩部が確認できる。③樹木の描写には二種がある。樹木1は奥壁の樹木1と同様に垂下する豊かな枝ぶりを強調し，一方，樹木2〜4は枝だけが上方に突き出す。樹木3は枝の先端が傘状に線刻されているので，葉の繁った樹木を描いたとも推測できる。④連続三角文1は，西壁部の連続三角文1と対応し，縦位に平行する2本線の中を7回ジグザグに繰り返す。これらが東壁部に描

かれた主な意匠である。

　3）西壁部には多種の画題が描かれ，遺存状態も良好であった。絵柄は人面相2件，建物1件，馬1件，動物1件，魚1件，鳥1件，翳3件，樹木13件，連続三角文1件，三角文1件，楕円文1件，不明画4件の30件が描かれている（写真7）。①西壁部に線刻された絵柄の最大の特徴は，樹木の絵柄が集中すること。その幾つかをあげる。樹木1は東壁部の樹木1・4と同様，枝だけが鋭く上向くタイプ。樹木5は，東壁部の樹木3と同様に，上向いた枝先に傘状の線刻が認められる。樹木3・4は特徴的で，放射状に枝が一斉に伸びて，その先端部には，一部に明瞭な楕円文が認められる。樹木6も特異で，枝葉が奥壁にぶつからないよう，幹を無理やり横向きにして描いているかのようだ。②人面相は奥壁・東壁部のそれと異なり，床面近くに小さく描く。丸い顔と縦線2本で胴部を表現し，いわゆる「こけし状」の表現となる。③建物1（第15図5）は奥壁部のものと類似し，高床構造であろうか。④馬1（第15図9）は人物が騎乗しておらず，早野横穴墓（第15図8，写真2）と同様に馬具を装置していない裸馬である。「く」の字状の脚部の表現から，動的な瞬間の描写と思われる。進む先は羨門方向にある。⑤翳1・2は奥壁部の棺座部に描かれ，墓主を畏敬する翳画の目的・思想に整合している。⑥動物1は，いわゆる「見返りの鹿」のような仕草で，玄門寄り下段に描く。太目の胴部は，銅鐸で見慣れている猪・鹿などのバイタルな部分をX光線で透視したような表現である。⑦連続三角文は，東壁部の連続三角文1とほぼ対応し，縦位に平行する2本線の中を7回ジグザグに繰り返し，鋸歯状の絵柄に仕上がる。魚や鳥は図からみてとれるような意匠である。

　4）天井部には3本の線が羨門に向かって伸び，先端部で1本にまとまる。これに樹木14が線刻される。枝の方向は，線刻された場所が天井であるから，上向き・下向きのいずれにも解釈できる。

(2) 多彩な線刻画の絵解きに挑む

　ここでは特徴的な絵柄の弓矢・人面相・建物・翳・樹木・連続三角文をとりあげ，その解析的な絵解きを愉しんでみたい。

　連続三角文から垂下する布帛を想う　絵柄としてはあまり秀逸とはいえない

が，玄室の東・西側壁部の連続三角文を確認して，調査関係者は一様にこの横穴墓の線刻画が，築造時期の前後に描かれたものと確信した。いうまでもなく連続三角文は，九州や東北南部などの装飾古墳ではきわめて普遍的な意匠だからである。

連続三角文は，墓内に張り巡らされた「布幕」とも関連づけられるが，王禅寺白山横穴墓の場合は，横穴式石室や横穴墓の玄室入口部などからしばしば発掘される，鉄製の吊り金具との関連性を重視した方が説得的であろう（村田1995・2000）。この箇所での連続三角文は，羨門部の両壁面に嵌入した吊り金具に引っ掛けて垂下したいわゆる「布帛」の存在を，線刻画をもって表現したと思われる。本来であるならば，葬の手順に従い，両壁に嵌めた吊り金具に白い布帛を引っ掛けて垂らし，墓主の姿を一旦遮蔽する。そのまえで墓主に誄詞奏上などを挙行したのである。連続三角文は，その布帛の存在と位置及び儀式のあり様を彷彿とさせてくれる。

悪鬼・妖魔を放逐する弓矢の絵柄　弓矢は，描かれた壁面の位置・方角，絵柄の特徴，重複する部分から推測される追刻の可能性などを含めて絵解きが必要である。

弓矢の描かれた壁面が，奥壁部（3件）・東壁部（9件）で東壁部に集中し，西壁部はゼロ。この事実は，以下にふれる考古学的所見とあわせて考察しなければならない。

1）まず弓矢12件を観察する（第16図上段）。矢の先端が三股とか二股に分かれ，さらに丸い袋状の線刻を描くものもある。矢の先端が分かれているのは「雁股鏃」，丸い袋状の線刻は「鳴鏑」の特徴を表現していよう。それらを分類すると以下のようになる。

　　鳴　鏑―東壁部の弓矢3（以下，「壁部の弓矢」は略す），東6，東9

　　雁股鏃―東1，東2，東4，東6，東7，東9

　　鳴鏑の先端に雁股鏃―東3？，東6，東9

古墳時代の鉄鏃は先端部の尖った尖根系が圧倒的に多数を占め，実戦武器として使われた。幅広の平根系は少数派で，矢が回転して直進するので飛翔性や貫通性に欠けた。とはいうものの，多摩川や鶴見川流域の横穴式石室や

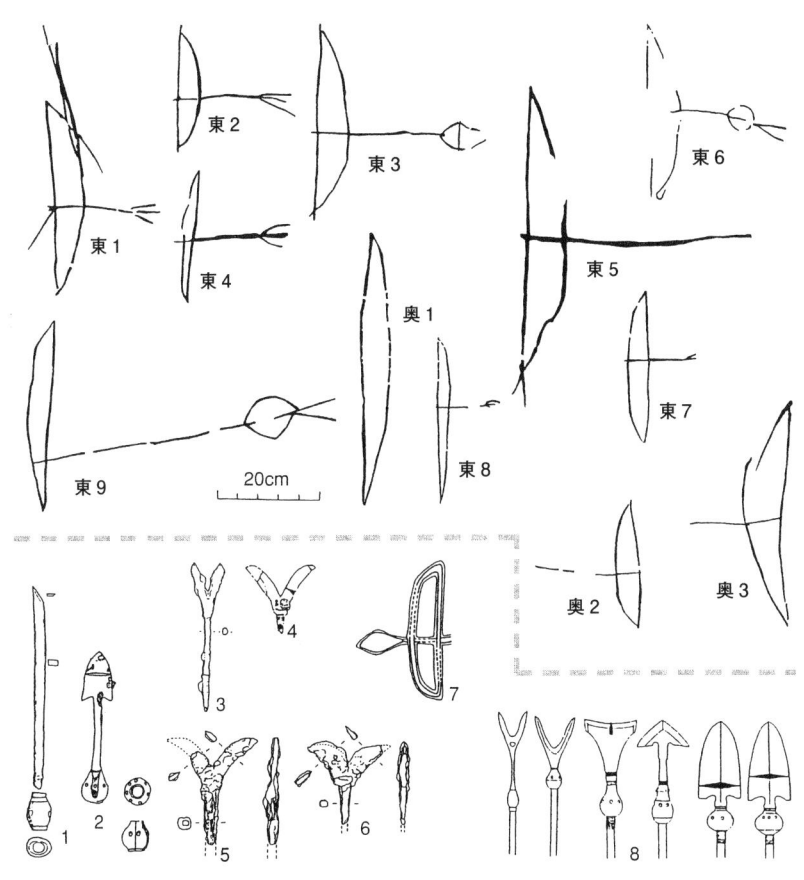

第6章　横穴墓に描かれた線刻画を絵解きする　123

第16図　王禅寺白山横穴墓の弓矢画(上段)と雁股鏃・鳴鏑(下段)

横穴墓からも雁股鏃が発掘される。たとえば東京都日野市平山台第1号墳（第16図3）や同大田区多摩川台第5号墳（第16図4）のほか，川崎市高津区の久本横穴墓からも雁股鏃の優品を見る（第16図5・6）。鳴鏑も横須賀市の吉井城山横穴墓（第16図1）や大和市の浅間神社西側横穴墓（第16図2）から優品をみる。福岡県福岡市の元岡・桑原遺跡からは，奈良時代の雁股鏃＋鳴鏑が発掘され，正倉院御物・東大寺献納宝物などにも，平根鏃・雁股鏃＋鳴鏑の実物資料が伝承されている（第16図8）。このように王禅寺白山横穴

墓に線刻された弓矢の絵柄は，断じて「絵空事」ではない。

では何故，雁股鏃や鳴鏑を線刻したのであろうか。鳴鏑が発する威嚇的なピューという音は，後世，弓に矢を番えず，弦だけを弾いた音で悪鬼・妖魔を退散させた弦打（鳴弦）の呪術につながることを想起すれば納得できる。つまり東壁部に多数描かれた弓矢画は，そもそも戦闘用の弓矢を意識したものでなく，墓室内に闖入せんとする悪鬼・妖魔を独特の音声をもつ矢で威嚇することが主たる目的であった。加えて玄室の東壁奥部は，東北位，すなわち鬼門位にあたる。悪鬼・妖魔は羨門から闖入して好んで東北位に棲むので，逆に鬼門位から一斉に鳴り物入りの矢である「鳴鏑」を放って悪鬼・妖魔を放逐したのである。まさに攻撃は最大の防御なり――。東壁部の弓矢の絵柄が，すべて羨門に向けられ，一本たりとも逆方向がないこと，さらに鬼門位と反対側の西壁部に弓矢の絵柄が1本たりとも線刻されていないことからも，このような推測は裏付けられよう。

2）弓矢の絵柄も解析すると興味ぶかい（第16図）。丸木弓の場合，弓腹に樋（溝）を入れて上端・下端（末弭・本弭）に掛かる弾力の均衡を図らないと，銅鐸の狩猟図のように「木弓短下長上」（『魏志倭人伝』）となる。現に王禅寺白山横穴墓の弓矢画は，実測図から測ると短下長上型が主流となる。

　　短下長上型―東1〜4，奥2・3（比率は，弦の全長を10にしたとき，上半分
　　　　　　　　が5.3〜5.9で長上型になる）

　　均等二等分型―東5，東6

　　短上長下型―東7，東8（比率は，短下長上型を全く逆転させた按分）

さらに，弦に矢を番えて力一杯に撓めれば，矢の飛んでいく先は，必ず弧線に表現される弓幹側になる。が，それが逆に描かれている絵柄もある。

　　正常の絵柄型―東1〜3，東5，東6，東8，奥2，奥3

　　非正常な絵柄―東4，東7，東9

また，弦に矢を番えて撓めた状態にもつぎのような違いがある。

　　明瞭に撓めた型―東1〜3，東5，東6，奥2，奥3

　　緩やかに撓めた型―東4，東8

　　両者の中間型―東7，東9

このように一見すると類似しているが，詳細に観察してみると明確に異なる箇所がみつかる。わたしはこの背景を，つぎのように推理する。

　Ⅰ．各要素のなかで特徴を同じくする絵柄が複数例あれば，ほぼ同一時期に描かれたものと判断できる。しかし実際には違いがあるので，それは描かれた時期の時間差に起因していよう。
　Ⅱ．その時間的な序列は，絵柄の特徴が厳正で，事例数が多い方が先行して描かれたのであろう。

　すなわち正統の型とは，矢の形では［雁股鏃または雁股鏃＋鳴鏑］，矢の番え方では［短下長上型］，矢が飛翔する方向では［正常な絵柄型］，弓矢の撓め方では［明瞭に撓めた型］となる。これらの4条件をすべて満たした絵柄は，東1～3のみである。よって正統派の弓矢画である東1～3こそ，築造時にあわせて線刻されたものと想定している。

　指揮者を描いたと思われる人面相　奥壁部から2件，東壁部から1件，西壁部から2件の人面相が確認できた。奥壁部と東壁部の人面相を，弓矢と関連づけて絵解きをしてみる。

　奥壁部のほぼ中央に描かれた人面相1は，首から下を欠くが，楕円形に括られた輪郭線内に小さく眉・目・口・鼻が表現されている（第15図1）。この絵柄は，早野横穴墓の人面相（第7図3，写真1）や西谷戸横穴墓の人面相（第7図1・2，写真4）を参酌すれば，左側の弓矢1を使って墓内に闖入しようとする悪鬼・妖魔を放逐するポーズを描いているのであろう。

　一方，おむすび状の輪郭線をもつ東壁部の人面相1（第15図2）は，ほぼ中央部に描かれ，肩部まで確実に表現しているので，霊的な存在ではない。さらに注目されるのは，東壁部の人面相1の近辺に，もっとも正統的な弓矢の東1～3が集中していることである。おそらく東壁の人面相1と弓矢の東1～3は，築造時に同時的に線刻され，人面相1は墓主の最高位の侍者として悪鬼・妖魔を放逐する指揮者であったのであろう。以後，追刻される弓矢の絵柄は，しだいに人面相1から離れた位置に描かれる。正統型の弓矢の東1～3からもっとも遠く離れた羨門部の入口に，正統型とは対極に位置する非正統型の弓矢7が描かれたのもこうした背景からであろう。カタチの範型

意識が次第に薄すれ，そこには追刻の可能性が多分に示唆されている。

喪屋を描いたと思われる建物　建物の絵柄が奥壁部中央の左下方から2件（第15図6・7)，西壁部下部から1件（第15図5）が確認できた。いずれも小形サイズである。西壁部の建物1は，奥壁部の建物1と構図が非常に類似しているので，描写の途中であった可能性もある。ここでは奥壁部の建物の1・2の絵解きを愉しんでみたい。

両画とも高床式の建物のようで，建物2はまず間違いない。屋根の構造は建物1が寄棟造りで，建物2は切妻造りであろう。建物2は，板材を縦長に割いて側壁部と屋根部を打ち止めた，板葺屋根・板壁構造である。建物の性格は，弓矢画から推測できるように，墓主の霊魂の安寧と関連していよう。そのためには，前段階で鄭重に実修された殯儀礼のステージを記憶させておく必要があった。そこからわたしはこの建物は喪屋と考えている。

喪屋に関しては，『記紀』にアヂシキタカヒコネノ神が，仲の良かったアメノワカヒコの喪屋に訪れた時に，遺族から死んだアメノワカヒコと間違えられ，怒って十掬剣で喪屋を切り倒し，脚で蹴飛ばしてしまった話が知られている。喪屋は奥壁部の建物のような比較的に簡易な高床式の建物であったから，十掬剣で脚部が切り倒されてしまったということであろう。

喪屋と思われる線刻画の好例は，川崎市高津区久本6号横穴墓（6世紀後半）の奥壁部にも描かれている（後藤・坂井ほか1996)。その建物（第15図4）は，王禅寺白山横穴墓の奥壁部の建物2と同じで，板材で葺いた切妻式の屋根で，側壁も板材である。建物が高床式か，地表に直立した壁立式かは壁面が剥落し判断しかねるが，高床式の可能性もありうる。久本横穴墓の建物は，奥壁部の右側に丸顔に眉・目を入れ，下部に二本の平行線で胴部を表現した「こけし状」人物と紐でつながる。この人物は斜位に描かれ，建物の軒端から延びる一本の紐を力一杯引っ張っているかのようである。奥壁面中央の下方に円形に描かれた人面相は，墓主であろうか。

ちなみに高塚古墳の墳頂部からは，しばしば大形の須恵器甕などが先端の尖った鉄製品の一撃で損壊されて，散乱状態で発掘される。すなわち生と死の境界は，葬儀後，素早く断絶する必要があった。喪屋も殯儀礼が終了した

からには，軒の先端に紐を掛けて素早く取り壊わした。アメノワカヒコノ神が持つ十掬剣で切り倒された喪屋は，その暗喩とすれば理解できる。

　喪屋を直接的に裏付ける考古遺構としては，5世紀末の帆立貝型古墳である兵庫県神戸市住吉東1号墳が注目される（東ほか1994）。この古墳における墳丘を築く順序は，まず溝を掘って地割りし，盛り土前の祭祀を行う。その後，80cmほど平坦に盛土し，棺を納めた墓壙を囲むようにして，南北3間（5m）・東西4間（6.4m）の掘立柱建物，すなわち喪屋が建てられる。さらにその前面と側面には，祭壇と目隠し塀が設けられる。殯の儀礼が終了した後は，素早く建物は壊され，墳丘用の土がさらに盛られ，墳丘の築造工事は最終的に完了したものと復元できる（第17図）。住吉東1号墳の建物跡は，墳丘の築造を一旦休止した過程で確認された遺構であることが，きわめて重要なのである。これは考古学的に実態がとらえがたい殯儀礼の一例を示しているものと考えられる。

　王禅寺白山横穴墓や久本横穴墓の壁面に線刻された建物は，既にふれた『記紀』での記載とか，住吉東1号墳の建物跡の特徴などとも調和的である。そもそも殯の期間中は，喪屋には動物を含め邪悪な力が外部から侵入して，

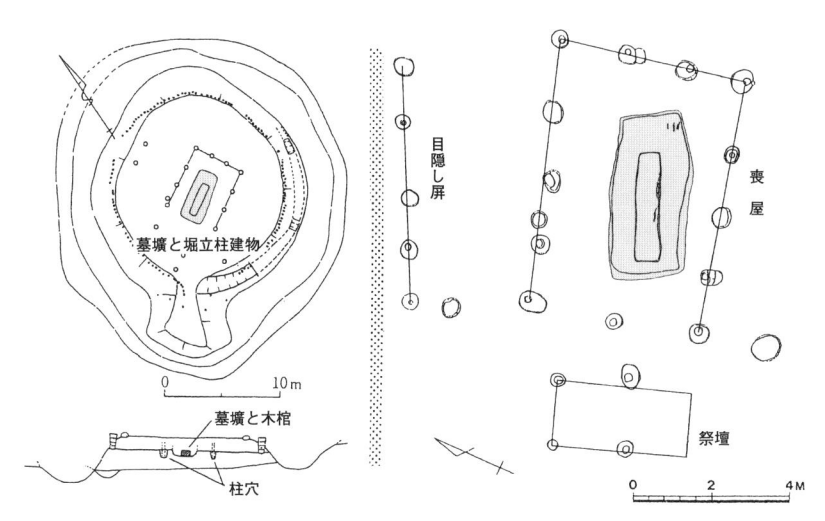

第17図　兵庫県神戸市住吉東1号墳の墳丘実測図（左）と掘立柱建物跡（右）

死者を食いものにしたり，邪鬼にとりつかれないようにする仕掛けであった（西郷 2008）。これは手練手管を尽くして，悪鬼・妖魔から墓主を防護した線刻画のモチーフともきわめて調和的である。

葉茂る樹・落葉した樹，鋭く尖る葉　樹木画が多いも特徴である。関東地方では比較的に少ないが，西日本の鳥取県など山陰地方や四国・香川県などには多い。たとえば，香川県の鷺の口第 1 号墓は「木の葉塚」と通称されているように，羨道から玄室にむけて木の葉が 24 点も線刻されている（藤岡 1991）。偶然の類似性ではなく，遠く離れた彼我に，人と海を介して情報が共有されていたことを示唆しているのであろう。

王禅寺白山横穴墓のそれは，大きく直立する幹と枝が上・下方に向いている（写真 7）。それは葉が一杯に茂っているかのような樹木（奥壁の樹木 1，東壁の樹木 1 など）と，直立する幹と上向く枝から，すっかり落葉した絵柄を連想させる樹木（東壁の樹木 2，西壁の樹木 1 など）を対照的に描いたと見た方が正確であろう。

冥界に描かれた絵柄であるから，慰みの風景画とは思えない。日本古来の「死と再生」のシンボリズムを，春に芽吹き・夏に繁茂し・秋に紅葉し・冬に落葉する，いわゆる四季の輪廻観に託したと考えられる。一旦は死を認めつつも，つねにその再生が懇願されている。特異なのは，西壁部の樹木 2〜4 と，樹木 6 である。樹木 2〜4 は樹木というより，触れると思わず手を引っ込めたくなるような針葉樹系の葉そのもの。デザインとしてもきわめて秀逸である。樹木 6 は，幹と伸びた枝が明瞭であるが，何故か横位に描かれている。現時点では，樹木 2〜4 と樹木 6 の絵解きはできないでいる。

まだ絵解きができない線刻画　線刻画は，小さな絵柄もふくめればまだ多岐にわたっている。それらの絵解きにも挑戦したいところであるが，現段階では難渋し，まだ十分に展望を示すことができないでいる。

たとえば，西壁に小さく描かれた馬 1（第 15 図 9，写真 7 の右下方）は，裸馬が羨門にむかって動こうとしている仕草であることは，脚部の表現から明瞭である。通説では，馬は死者の霊を天上に運ぶ乗り物であるとか，民俗誌では神をお迎えする乗り物とも考えられている。

西壁の魚1も，馬画と同様に羨門にむかっている。その近辺に描かれた「見返りの鹿」もどきポーズの動物は，馬と同様に天上に運ばれる墓主の霊を見送っているのであろうか。いずれにしろ西壁の棺座前方の下段には，小さく線刻された多様な図柄が集中的に描かれている。追刻された可能性も含めて今後の課題である。

西壁の奥・棺座の位置に線刻された翳1・2は，完璧な図柄とはいいがたいが，畏敬する墓主への表現としては適切な位置であると判断している。

(3) **王禅寺白山横穴墓の線刻画を小括する**

王禅寺白山横穴墓の線刻画は，奥壁，東・西側壁，天井壁に多彩な線刻画が認められた。絵柄の意図を推理してみると，奥壁・東側壁のそれは，西谷戸横穴墓と同様に，姿・形を見せぬ悪鬼・妖魔から，いかにして墓主をガードするか，ということ。そのように推理すると，東側壁の指揮者と思われる人面相1の近くに描かれた正統型の弓矢が，実戦的な尖根系ではなく，儀礼的な弓矢の雁股鏃または雁股鏃＋鳴鏑であること，描いた壁面が鬼門位であること，飛翔する矢の先がすべて羨門に向くこと，これらがきわめて整合的に理解できる。建物は，板壁・板葺屋根の掘立柱構造と思われ，久本横穴墓に描かれた線刻画と同様，これが喪屋であった可能性を排除していない。冥界にあっても墓主の再生を永遠に求め，前段階の殯儀礼のステージを記憶させたのであろう。多彩に描写した樹木は，春に芽吹き・夏に繁茂し・秋に紅葉し・冬に落葉する四季の輪廻観を介した永遠の再生祈願であった。自然界の節理でいえば，衰え極まった太陽が，一転して復活に転じる「一陽来復」の心根であった。

結びにあたって

装飾古墳といえば，九州や畿内・東北南部などから発掘される，彩色も鮮やかなそれを連想する。それらが語りかける歴史観・死生観などの研究には，多くの識者によって紙幅が費やされてきた。横穴墓に壁面に描かれた線刻画は，モノクローム版ではあるが，詳細に検証してみるとカラー版のそれに遜色がないほど，そこにも地域の歴史や環境，あるいは墓主にちなむ死生観が

語られている。その一齣を,川崎市と横浜市の境界域を流れる鶴見川上流域の三横穴墓―早野・西谷戸・王禅寺白山―を俎上にあげ眺めてきた。

　わたしの絵解きに妥当性があるか否かは読まれる方にゆだねるが,検証過程で挙げた幾つかの比較事例は,それが韓半島から九州を含む西日本,さらには東北南部にも及んでいる。このように横穴墓の線刻画の検証にも,列島を含む東アジア的な視点に加えて,「死と再生」というわが民族古来の視座からの検証が求められている。とくに墓内に闖入して跋扈しかねない悪鬼や妖魔を睥睨する人面相や,それをかいくぐってでも闖入しようとする悪鬼・妖魔を威嚇する刀剣や弓矢の呪力は重要なキーワードであるし,一方,殯儀礼を記憶したと思われる喪屋建物とその引き倒しのポーズ,さらには四季の輪廻観を表現する樹木には,「死と再生」観が色濃く投影されている。

註

1) 本論で取り上げた人物画には,顔面及び肩部以下を表現した,人物埴輪で見慣れた人物画のほかに,顔面のみを線で囲み,しかも特異な表情をした線刻画が混在している。これらを人物の顔面画として一括することには躊躇いがある。とくに特異な表情をした後者には,注2)でふれるように仏面・神面との関連を含めて「面形(おもかた)」とする考えもある。「面形」とする指摘は貴重であるが,さりとて線刻画の場合,仏面・神面との弁別が必ずしも十全ではない。そこで本論では,若干抽象的な語彙になるが「人面相」ということで統一的に記述した。

2) 仏面・神面及び人面を描いた墨書画を「人面墨書土器」として一括することへの疑問は,文献史学の関和彦から提起されている。関は「面形墨書土器」を提唱されており,今後も検討されるべきである。
　　関和彦 2004「神」と「面形」墨書土器,小池聡編 2004『古代の祈り』所収

3) 近年,同古墳の詳細な報告書が刊行された(坂本豊治ほか 2012『中村1号墳』,出雲市の文化財 15,出雲市教育委員会)。そのなかで坂本は,問題の大刀は,当初は死者の護り刀として邪気を払う効果を期待して遺体に添えられたが,その後大刀は錆化したので死者から離し,大刀の機能を完全に不能にした。すなわち前室袖石に立て掛けた大刀は,再生阻止儀礼のなかで捉えられるとする。発掘当事者の見解であるから当然重視されなければならない。しかし,わたしはこの種の

第 6 章　横穴墓に描かれた線刻画を絵解きする　131

幾つかの大刀立て掛け事例から総合的に判断して，例え錆化した大刀であってもその深層では，前段階で払われていた悪鬼・妖魔の闖入を威嚇する思惟そのものは継続していたのではないかと考えている。

引用文献

浅川利一・戸田哲也ほか 1989『東京都町田市三輪南遺跡群発掘調査報告書』三輪南地区遺跡群発掘調査会

朝比奈竹男・宮沢久史 2004『千葉県八千代市上谷遺跡』八千代カルチータウン開発事業関連埋蔵文化財調査報告書Ⅱ　八千代市遺跡調査会

東喜代秀ほか 1994「住吉宮前遺跡第 9 次調査」『昭和 63 年度神戸市埋蔵文化財年報』神戸市教育委員会

植月　学 2010「上つ原遺跡から出土したウシ遺体」『東京都多摩市上つ原遺跡』所収

植月　学 2011「動物考古学からみた牛の利用」『牧と考古学 —牛をめぐる諸問題—』所収　山梨県考古学協会 2011 年度研究発表会要旨

大竹憲治 1986「東国の横穴墓発見・幡に関する資料」『東北考古学論攷』第一所収

柏木善治 2003「横穴墓の線刻画について」『新世紀の考古学』大塚初重先生喜寿記念論文集　同論文集刊行会

小池聡編 2004『シンポジウム古代の祈り　人面墨書土器からみた東国の祭祀』神奈川地域史研究会・盤古堂付属考古学研究所

小出義治・飯島武次ほか 1972『鶴川遺跡群』町田市埋蔵文化財調査報告第 3 冊　町田市教育委員会

小出義治・椙山林継ほか 1974『町田市史』上巻　町田市

小林行雄 1962『古代の技術』（復刻版）塙書房

後藤喜八郎・坂井勇雄ほか 1996『川崎市高津区久本横穴墓群発掘調査報告』同遺跡調査団

西郷信綱 2008『古代人と死』平凡社ライブラリー 640　平凡社

斉藤　忠 1965『日本原始美術』5　講談社

須原　緑 1996『城腰遺跡』（福岡県嘉穂郡）頴田町教育委員会

竹石健二・浜田晋介ほか 1998『久地西前田横穴墓群 —第 1 次・第 2 次—』久地西前田横穴墓群調査団（報告書は 2 冊）

辰巳和弘 2003「矢の呪力」『新世紀の考古学』大塚初重先生喜寿記念論文集刊行会

辰巳和弘 2011『他界へ翔る船―「黄泉の国」の考古学』新泉社
浜田晋介・村田文夫 1993『線刻画・王禅寺白山横穴墓群の調査』川崎市市民ミュージアム考古学叢書1　川崎市市民ミュージアム
林　雅恵 2012「神奈川県内出土装飾付大刀にみる象嵌等の製作技術の研究」『かながわの考古学』研究紀要 17 所収　かながわ考古学財団
東原信行 1984「川崎市最西部谷本川流域の横穴古墳群」『川崎市文化財調査集録』第 20 集　川崎市教育委員会
樋口清之・金子皓彦 1974「川崎市多摩区（現麻生区）早野横穴古墳発掘調査報告」『川崎市文化財調査集録』第 9 集　川崎市教育委員会
日高　慎・桃崎裕輔ほか 2000『風返稲荷山古墳』霞ヶ浦町教育委員会・日本大学考古学会
平野　修・宮澤公雄 2010『東京都多摩市上つ原遺跡』多摩市埋蔵文化財調査報告書第 61 集　帝京大学八王子校地内遺跡発掘調査団
藤田枝理子 1991「香川県線刻壁画の研究」『香川史学』第 20 号
松崎元樹 2008「武蔵国多摩郡域の牧をさぐる」『牧の考古学』所収　高志書院
三輪修三・村田文夫 1975「川崎市多摩区（現麻生区）早野横穴古墳線刻画の一考察」『三浦古文化』第 18 号　三浦古文化研究会
村田文夫 1994「補遺・早野横穴墓の線刻画」『線刻画　早野横穴墓群の調査』所収，川崎市市民ミュージアム考古学叢書1　川崎市市民ミュージアム
村田文夫 1995「横穴式石室・横穴墓内を垂下する布帛」『みちのく発掘』菅原文也先生還暦記念論集　同論集刊行会
村田文夫 1998「神奈川県・王禅寺白山横穴墓線刻画考」『列島の考古学』渡辺誠先生還暦記念論集　同論集刊行会
村田文夫 2000「横穴式石室・横穴墓内を垂下する布帛・その後」『民俗と考古の世界』和田文夫先生頌寿記念献呈論集　同論集刊行会
村田文夫 2007「狭蠅なす悪鬼・妖魔を放逐する呪術・その断想」『史峰』第 35 号　新進考古学同人会
村田文夫 2011『川崎・たちばなの古代史』有隣新書 68　有隣堂
村田文夫 2012「東京都町田市三輪町・西谷戸横穴墓の線刻画考―5 号横穴墓の人面画を中心にして―」『多摩考古』第 42 号　多摩考古学研究会

第7章　多摩川下流域における古代律令期の生業基盤を想う
――福島県磐城郡白田郷に関する御高論にふれて――

はじめに

　わたしは畏友・大竹憲治の御高配で，「いわき古代史研究会」から平成20年12月に刊行された『いわき古代の風』第3号を落掌することができた。福島県下の考古学事情にうとい者が拝読しても一様に興味ぶかい論攷で，なかでも中井忠和が論述した「磐城郡白田郷についての一考察」（以下，中井論文）には，とりわけ関心を惹きつけられた。中井論文は，福島県いわき市平下大越の根岸官衙遺跡群から発掘された第1号木簡に記された「泊田郷」と，いわき市四倉町の大猿田遺跡から発掘された第5号木簡「白田郷」の関連性を，文献史学の立場から緻密に比較考察された内容である。

　文献史学に門外漢の者が，とやかく論評する余地はないが，御高論のように，古代にあっては「水田」に対する「陸田」（ハタケ）の意味での「白田」・「畠」であれば，律令期の生業基盤といえば，水稲耕作一辺倒の思考しかしてこなかったわたしには，きわめて刺激的であった。そこで中井論文で提起された「白田郷」考を基底にして，改めてわたしが慣れ親しんできた多摩川下流域の古代史に想いを巡らせてみようと考えた。存外に趣を異にした景観が眺められるかも知れない。

1. 磐城郡白田郷・泊田郷と大猿田遺跡

　『和名類聚抄』中の磐城郡12郷の一つに白田郷は見え，その存在は大猿田遺跡第5号木簡の発見によって裏づけられた（第1図左）。一方の泊田郷は，『和名類聚抄』には見えないが，根岸官衙遺跡第1号木簡の記載で確認された（第1図右）。両者は文字や読みが類似する。中井論文は，文献史学の立場からその背景を整理され，併せて関連する郷の位置にも言及された。

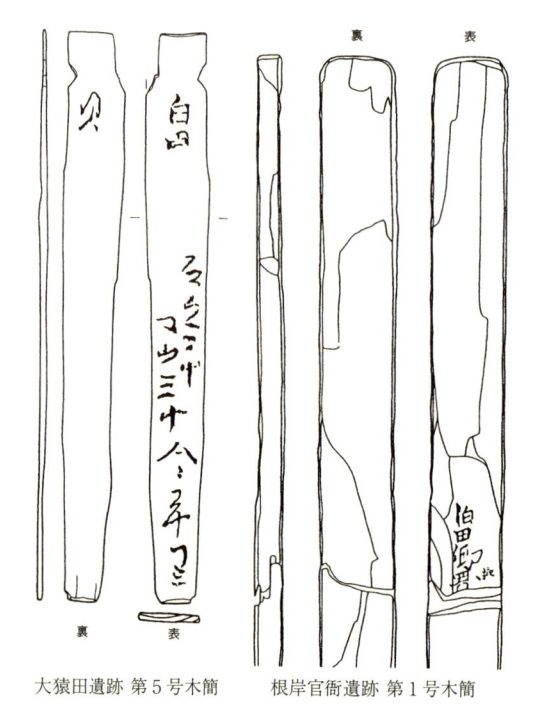

大猿田遺跡 第5号木簡　　根岸官衙遺跡 第1号木簡
第1図　大猿田遺跡と根岸官衙遺跡出土の木簡
（『いわき古代の風』より改変）

　本論を展開するうえでの順序として，はじめに大猿田遺跡の概要と，中井論文の要旨にふれておく。
　大猿田遺跡の概要　3分冊された大部の発掘調査報告書であるから，結論的な部分を箇条的に整理してみる。
　(1) 発掘調査は，第1・2次（平成7・8年度）の2回にわけて実施された（第2図右）。第1次調査は丘陵地が調査区で，8世紀代の須恵器窯跡（その後，木炭窯跡に転用）や関連時期の竪穴住居跡，粘土採掘坑跡が多数発掘された。当然，第2次調査の成果と一体的にとらえる必要がある。
　(2) 第2次の調査区は，第1次調査区の西南方向で，中島川で開析された沖積地が対称であった。調査の結果，竪穴住居跡23軒，掘立柱建物跡12棟，柱列2組，ピット320個，土坑43基，溝跡68条などと，それに関連する多量な遺物類が発掘された。時期的には，律令体制の最盛期にあたる8世紀内でほぼ興亡している。
　(3) 広範囲にわたる遺構の在り方を俯瞰すると，幾条かの基幹的な溝跡によって各エリアの機能が分かたれる。第2図右は8世紀代における遺構分布，同図左はそれをもとにしたイメージ図である。溝跡でA〜Fに区画されたなかで，顕著な性格が指摘されている区画を見てみる。
　第2図右のB区画（以下，図番号略）からは，竪穴住居跡・掘立柱建物跡

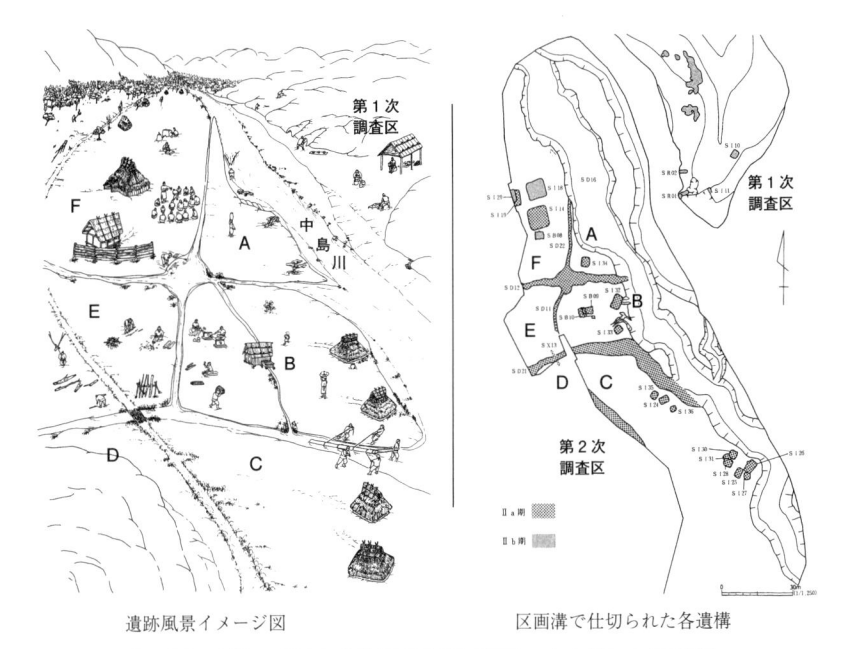

第7章　多摩川下流域における古代律令期の生業基盤を想う　135

遺跡風景イメージ図　　　　　　　区画溝で仕切られた各遺構

第2図　大猿田遺跡の全体図（『大猿田遺跡　本文編』より改変）
　　　左図は遺跡風景のイメージ図。右図は区画溝で仕切られた各遺構（A～F）

のほか，近接の溝跡から多量の木片が発掘されており，木製品の製作作業が行われていたという。C区画内の竪穴住居跡は，いずれも規模が小形で遺物も少なく，一般的な居住施設とは見なしがたいという。E区画は，工房跡こそ確認されていないが，独楽状木製品をはじめ多数の木製品が発掘されており，調査区外に工房跡があるものと推測された。轆轤を挽く際にかませた爪痕を明瞭に遺す独楽状木製品，また，墨書土器の約半数の20点が，官営工房で働く技術者・番匠を意味する「番」の墨書であった点などは示唆的である。2本の溝跡で画されたF区画からは，一辺9m近い竪穴住居跡などが発掘され，役人もしくは生産物管理者の居住区と推測された。この点は後述する。各区画間は，溝に架けた橋を利用して往来していた。
　(4)　遺跡の総体的な性格としては，次にふれる木簡の内容や多量な転用硯，鍔帯金具，「官」・「玉造」と記された墨書土器などから，木製品の生産を主

体に，須恵器・鉄生産にかかわる官営工房遺跡として捉えられた。そしてこの官営工房遺跡は，磐城郡衙，すなわち根岸官衙遺跡によって管掌されていたものと想定された。

中井論文にみる白田郷考 大猿田遺跡発掘の木簡をもとにした中井論文を，同じく箇条的に整理してみる。

(1) 根岸遺跡第1号木簡に記された「泊田郷」の考察に関連して，大猿田遺跡第5号木簡の「白田郷」は，「白」の字の下が「田」よりやや右に偏っているから，「泊」字の可能性があるという報告書の指摘を明確に否定する。わたしも第5号木簡の「白」字を，平城宮木簡を集成した『日本古代木簡字典』（奈良文化財研究所編）に複数例が載る「白」字と比較してみたが，それらにきわめて酷似しており，「泊」字と判読することには賛同できない。

(2) 『箋注倭名類聚抄』にみる「白田」の説明の割注には，「白田，一曰陸田，和名波太介，或以白田二字作一字者訛也」とある。よって「白田」は「陸田」であり，「ハタケ」をさす。

(3) 『続日本紀』『延喜式』から，陸田では「粟」「麥禾（ばくか）（麦と粟のこと）」「藍（あい）」や「葱（ねぎ）」を栽培していたとする。表記は異なるものの，白田・陸田・畠は同義とする。

(4) 元慶7(883)年9月15日付けの「河内國觀心寺縁起資材帳」によると，水田に対する陸田の語を対比させて使う場合は「白田」，その必要がない場合は「畠」と表記している。つまり白田と畠の使い方には，相応の意味がある。白田・陸田・畠は和名に対する当て字であった。

(5) 国・郡・郷名は音・訓を混用する場合もある。「白」がハクと同音で，「泊」もハクで同音であるから，根岸官衙遺跡第1号木簡の「泊田郷」は「白田郷」の別表記である。よって郷の読みは，「ハタ」もしくは「ハクタ」。したがって大猿田遺跡第5号木簡の「白田郷」を，牽強付会してまで「泊田郷」と主張する根拠は喪失したことになる。

(6) 最後に大猿田遺跡の北東約1.5km離れた所に「大久町小山田字白田沢」という地名を確認し，この周辺を白田郷の比定地に想定された。この地域であれば，大猿田遺跡を起点に西に玉造郷，東に白田郷となり，玉造郷か

ら米4斗（2号木簡）・白田郷から米5斗（5号木簡）を大猿田遺跡に貢進したとする木簡の内容とも整合する。以上が中井論文の要旨である。

2. 白田の郷名と生業基盤への想い

　中井忠和は文献史学及び遺称地名から，大猿田遺跡の北東約 1.5 km 離れた「字白田沢」の周辺を白田郷の候補地に比定した（第3図：白田郷1）。白田郷は稀有な郷名で，『和名類聚抄郡郷里駅名考證』を紐解いても磐城郡のここだけである。ただ素朴な疑問が涌いてくる。中井論文のメインテーマである「白田」が，「陸田」であり「ハタケ」を意味するのであれば，白田郷の比定地と生業基盤である「陸田」とに相応の関連性を想定するのが自然であろう。中井論文で示された「字白田沢」の周辺の地形的な景観を地図上から眺めると，丘陵地にむけ急峻で深い谷戸が湾入し，谷戸と丘陵頂部とは比高差が 60〜70 m にも達する。焼畑栽培であれば穀類・豆類が収穫できようが，東北南部では焼畑は想定しがたい。つまり地形図上から，白田郷・1 の周辺に広い「陸田」を求めることは悲観的にならざるを得ない。

　むしろわたしは，調査報告書に比定されている大猿田遺跡の南方約 3.5 km の平北神谷・平絹谷周辺の方こそ「白田郷」の生業基盤

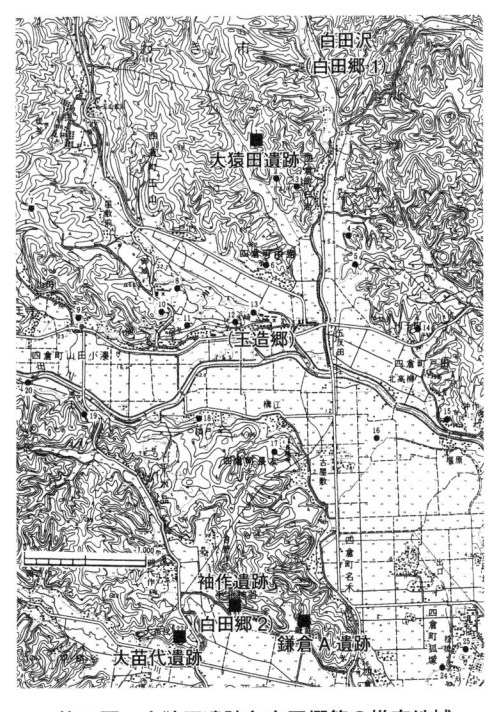

第3図　大猿田遺跡と白田郷等の推定地域
（白田郷1：中井2008より，白田郷2：報告書より村田推定。各々加筆）

に相応しく，畑作用の耕地も広く確保できよう（第3図：白田郷2）。周辺には，未発掘ながら袖作遺跡（弥生・平安時代の散布地）・大苗代遺跡（弥生〜中世散布地）・鎌倉A遺跡（古墳〜平安時代の製鉄跡・散布地）などが集中している。将来，発掘調査される機会があれば，生業基盤への配慮を含めた目配りを望んでおきたい。

大猿田遺跡第5号木簡は，白田郷内の2名「石足」（2斗）と「□山」（3斗）の合わせた5斗の荷付木簡であるが，「白田」と「陸田」との関連性を重視すれば，田租（でんそ）が必ずしも水稲であったとは断言できなかろう。

律令に畠の規定はないが，実態としては『続日本紀』霊亀元(715)年10月7日の詔勅（元正天皇）によると，「諸国の百姓は湿地で稲をつくることのみに精を出し，陸田（ハタケ）の利点を知らない。だから飢饉にみまわれる。国司は百姓に命じて麦と粟を共に植えさせ，成人男子1人ごとに2段の割合となるようにはかれ。およそ粟は長く貯蔵しても腐らず，穀物のなかでも最も優れている。もし百姓のなかに，稲のかわりに粟を租税として運び込む者があってもこれを認めよ」と命じた。養老6(722)年7月19日には，「今年の夏は雨が降らず，稲の苗は実らなかった。百姓には，晩稲（おしね：晩生の稲で10月刈取り），蕎麦，大麦，小麦を栽培させて凶作に備えるように」と国司に命じた。つまり天候などの自然条件で豊凶に差があるが，貨幣経済に置換できる水稲と，収穫量が確実に見込める雑穀類などの備蓄とを峻別していた。東北地方の俚言（りげん）では，稗や粟などを「ケガチ（飢饉）知らず」と称した。その特性を熟知した格言であって，別に雑穀類を蔑んだわけではない。

栃木県那須烏山市の下野国芳賀郡衙（新田駅家）である長者ヶ平官衙遺跡の正倉院は一部が焼失し，炭化した米・粟・稗・小麦，とりわけ粟・稗が正倉域南辺から集中的に発掘され，この付近に「義倉（ぎそう）」が位置していたと考えられた。義倉とは，『養老令』賦役令義倉条に規定され，飢饉などに備え貧富の程度に応じて穀物を平時から徴収し，困窮者を救済する制度で「凡そ一位（いちい）以下，及び百姓，雑色（ごうしき）の人等は，皆戸が粟を取り，以て義倉と為よ」とある。これには代用が効き「若し稲（いね）は二斗，大麦（ふとむぎ）一斗五升，小麦（ほそむぎ）二斗，大豆（まめ）二斗，小豆（あづき）一斗を，各々（おのおの）粟一斗に当てよ。皆田祖（でんそ）と同時（どうじ）に収め畢（おく）へよ。」と。

粟の方が稲・大麦・小麦・大豆より高いのは，粟は最上の備荒食物であるからであろう。

岐阜県関市の美濃国武義郡衙（弥勒寺遺跡群）の正倉跡から発掘された炭化米を，佐藤洋一郎がDNA鑑定した結果，品種は水稲だけでなく，畑で栽培された陸稲も含まれていたという。これは条里制や班田制に重要な問題提起をしているが，奈良朝前期の詔勅や各地の発掘資料との脈絡で捉えれば，ありえて然るべき歴史像ともいえる。

磐城郡白田郷名の由縁から，陸稲や粟などの穀類，葱など根菜系の蔬菜類が貢納されていよう。逆説的にいえば，そうした生業基盤が確保できる白田郷・2の地域一帯こそ，白田郷の比定地に相応しかろう。

3. 多摩川下流域における生業基盤への想い

古代の多摩川下流域には，左岸に武蔵国荏原郡（現在の品川区・大田区など），右岸に同国橘樹郡（川崎市など）・多摩郡（東京都多摩市など）が位置していた。これらの地域には丘陵・台地が続き，その間を小河川が縫うように流れ，多摩川や鶴見川に注ぐ。その一つ，右岸の橘樹郡には，地名「市ノ坪」（川崎市中原区）が遺称する。また昭和11年に発表された深谷正秋の「條里の地理的研究」（『社会経済史学』6-4）には，高津区久本オシドリケ町に遺された耕地図が載る。わたしは最近，川崎市地名資料室所蔵の大正9年製の「高津村全図」から，オシドリケ町を含む広範囲に条里耕地の痕跡を確認した。しかし，すでに周辺は市街化され，もはや発掘調査で遺構・遺物を直接確認することはできない。ただし条里痕跡を遺す地域一帯は，古代の橘樹郡衙（千年伊勢山台遺跡）・橘樹郡寺（影向寺）が位置する台地の裾部に擦りついており，相互が分かちがたい歴史的な環境にあったことは明白で，方位観もぴったり整合する。しかしこれらは，古代の多摩川下流域右岸に展開した生業基盤の一側面であって，おそらく別の側面があるに違いない。中井論文に刺激され気の向くままに歴史資料の衢を逍遥してみたい。

(1) **左岸・荏原郡域のエゴマへの断想**

江戸後期の地誌『新編武蔵風土記稿』の荏原郡には「此地は荏原を多く植

し処なれば」として、荏胡麻の繁茂と郡名の由来を伝える。しかし荏原の地名は、右岸の川崎市宮前区野川に所在する影向寺（橘樹郡の郡寺）境内の掘立柱建物跡の柱穴底部から発見された「无射志国荏原評」銘箆書瓦の発見によって、確実に7世紀第4四半期にまで遡る。

エゴマ（荏胡麻）はシソ科の1年草。その葉は紫蘇っ葉に似ている。乾性油がとれて、近世になって広く菜種油が普及するまで、関東以北では栽培されており、調味料などの食用のほか、漆の混合液・燈火用として利用された。民俗誌的には、実と大豆を煉り合せたジョウネアン・ジョウネミソが、東北地方では主流となる調理法であった。

荏原郡は地形学的には橘樹郡と同様、台地部分は下末吉段丘に相当する。現在でこそ一面が都市化されているが、かつてはのどかな畑作風景が展開していたと思われる。

ここで非常に参考になるのが、平城京跡長屋王邸から発見された「上総国武昌（射か）郡高舎里荏油」（表）、「四升八合和銅六年十月」（713年）（裏）の荷付木簡である（写真3右、高舎里の詳細不明）。これは東国の上総国から、都へエゴマを運び込むという需給関係の存在を物語っている。木簡に記された史実は、ひるがえって荏原地域の台地上でも、エゴマを含む計画的な栽培システムが確立していて、そうした特徴的な生業基盤があればこそ、7世紀後半代に、はやくも「荏原評」の誕生をみた背景があったことを十分に推測させてくれる。武蔵国幡羅郡の荏原郷も同じ視点から一考してみる価値はあろう。

(2) 右岸・橘樹郡域のアカネ、布曝し歌への断想

1) 平城京から発掘された茜の荷付木簡

平城京二条大路北の東西大溝から「橘樹郷茜十一斤」と墨書された荷付木簡が発掘されている（写真3左）。木簡に墨書された「橘樹郷」は、武蔵国橘樹郡の橘樹郷のこと。東西大溝の木簡は、天平7、8(735、36)年前後に集中しているので、茜の荷付木簡も同時期と推定されている。

茜はアカネ科の多年草で平地・山地に自生する（写真2）。畝を作って種を蒔く農家もあった。根は赤紫色（赤根の語源）で、止血・利尿・解熱・強壮剤として効能があった。

第7章　多摩川下流域における古代律令期の生業基盤を想う　141

写真1　茜草で染めた絹織物
（濃淡2種，紡績工芸家・武田淑子氏の作品）

142

写真2　赤紫色をした茜草の根（武田淑子氏採集資料）

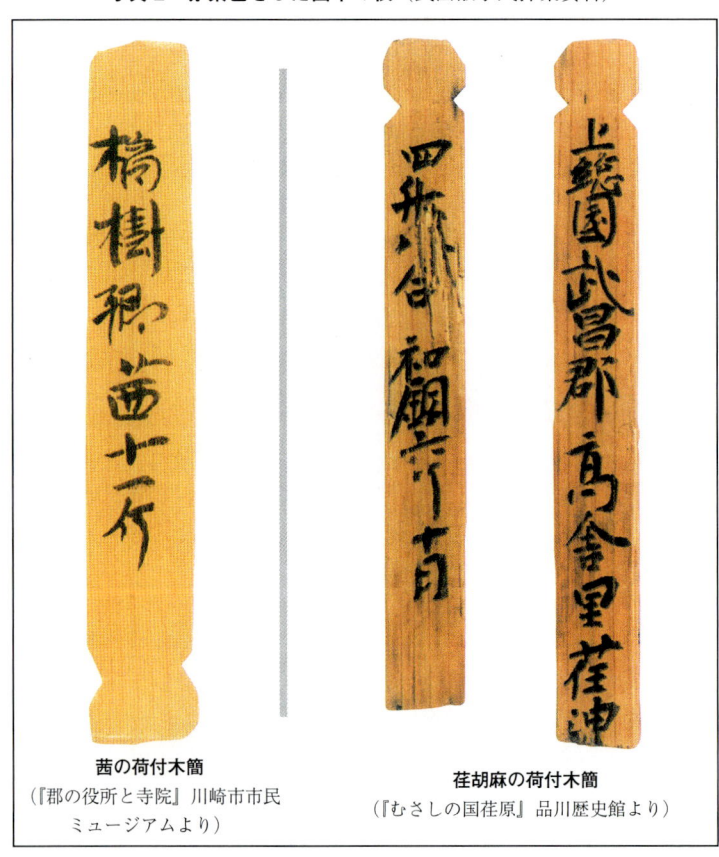

茜の荷付木簡
（『郡の役所と寺院』川崎市市民
ミュージアムより）

荏胡麻の荷付木簡
（『むさしの国荏原』品川歴史館より）

写真3　平城京出土の荷付木簡

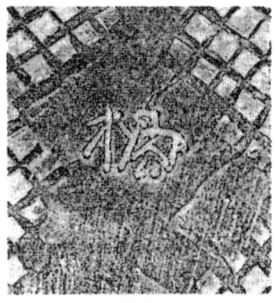

第7章　多摩川下流域における古代律令期の生業基盤を想う　143

第4図　埼玉県八坂前窯跡出土の「橘」「三宅」(御宅)銘瓦
（報告書『八坂前』より改変）

　一方，夏場に根を採取・乾燥して，染料としても盛んに利用された。媒染には木灰を用い，染める対象である布帛や糸を灰汁に漬けては乾燥し，それを十数回繰りかえした。次に茜根の煎汁を6，70度に熱したものへ布帛や糸を漬けて染める。こうして茜草を媒染にした織物が，「緋(ひ)」（『和名類聚抄』）である（写真1）。正倉院古裂(これつ)中の緋綾(ひりょう)は褪色せずに現存するが，上記のように作業に手間がかかるので次第に衰微していったとされる。
　木簡「橘樹郷茜十一斤」は，中男(ちゅうなん)(17〜20歳)男子1人2斤という規定貢納数で割り切れないので，集団的な労働で得た量を郡司らが勘検し，荷付したと想定されている。養老令による1斤は，正倉院宝物の実物調査で約600〜670g。よって乾燥した根株の11斤は，約7kgにもなる。
　同じ平城京二条大路からは，「三宅郷茜廿斤」の木簡も発掘されている。この三宅郷は何処をさすのか。埼玉県入間市の八坂前窯業跡からは，凸面に「橘」，凹面に「三宅」の箆書き平瓦（9世紀）が発掘されているので，木簡「三宅郷茜廿斤」の三宅郷は，武蔵国橘樹郡の中の御宅郷（現在の中原区あたり）のことであろう（第4図）。木簡も紐が結いやすいように，下端の左右に切り欠きを入れた同一形態である。三宅郷（御宅郷）の20斤は，換算すれば約13kg。橘樹・御宅の両郷を合わせると茜は20kg前後となる。これほど多量な茜根が，竹やぶや山裾で簡単に採取できるとは思えない。若者集団や中男による畑作労働として，計画的・集約的に栽培されていたのであろう。

そうであれば，武蔵国橘樹郡は茜草を栽培・貢納する拠点的な地域の一つであったことになる。

『延喜式』主計上の武蔵国・相模国には，中男作物の調の品目に「茜」がみえる。栽培・集荷された茜草根は，染色に関わる役所（左京三条二坊八坪内）に運び込まれたのであろう。別に武蔵国には調として緋帛(ひはく)60疋・紺帛60疋・黄紺帛(きこん)100疋，中男作物として麻500斤などがみえる（養老令で1疋は長さ5丈2尺＝約15.15m，広さ2尺2寸＝約0.65m）。緋帛の「緋」は，茜草と灰汁で染めた黄味のある濃い赤色のこと（写真1）。緋帛60疋（全長で約900m）には，地元産の茜根が染料として使用され，優れた色合ゆえに染料・茜草の実物貢納が督促されたのであろう，と推測を楽しんでいる。

宝亀元(770)年，京では渡来系氏族男女230人が参列して盛大に歌垣(うたがき)が催された。その装束は青(あお)摺り染めの細布の衣に，紅の長い紐を垂らした（『続日本紀』）。当然，紐は緋色系で，その青と緋がおりなす艶やかなファッションは，さぞかし見映えがあったことであろう。

2) 苧(お)績み作業と布曝しの万葉歌

平成7年夏，川崎市中原区蟹ヶ谷の工事現場から横穴墓が発見され，西田原横穴墓と命名された（正式報告は未刊）。1号横穴墓の奥壁沿いには，きわめて遺存良好な人骨が仰臥伸展葬位(ぎょうが)で置かれていた。現場に駆けつけてくれた森本岩太郎（形質人類学）の分析で，骨は若い女性骨と鑑定され，その後，森本の分析で，歯の上顎・下顎の切歯内側（舌側）に特徴的な磨耗痕が確認された。森本の研究によれば，それは苧麻(ちょま)を引き裂く作業，すなわち「苧績み作業」を繰り返したために生じたという。

わが国では，16世紀以降に木綿の栽培が盛んになる以前は，布は麻を素材にして織った。和名・沼能は，麻（大麻）か紵(からむし)（苧麻）で織る（『和名類聚抄』）。布目順郎によれば，弥生時代では麻（大麻）が主体，古墳時代では半々，奈良時代（正倉院の裂の場合）では，紵（苧麻）が主体で約80%という。苧績み作業とは，青苧(あおそ)の粗組織を切歯でくわえ，両手で前に引っ張る。ついで爪の先で青苧を細かく挽き裂き，細くした先端をつなげる（写真4左）。この作業を頻繁に繰り返すと，切歯の内側の磨耗が顕著になってくる。神奈川

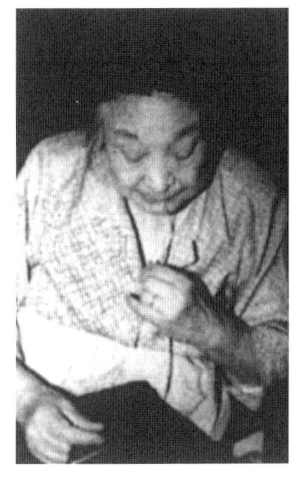

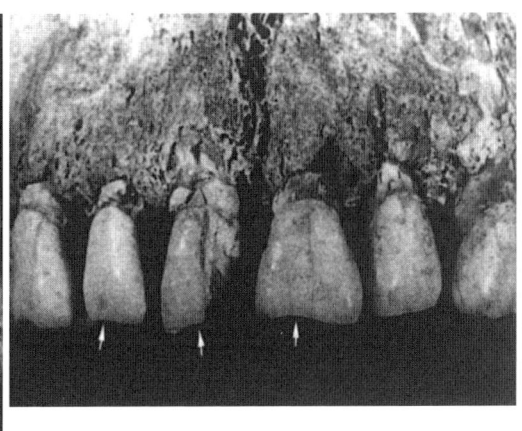

第7章　多摩川下流域における古代律令期の生業基盤を想う　145

写真4　苧績み作業と摩耗歯(森本1995・1999より改変)
左：「苧績み」する現代の日本婦人（新潟県魚沼市）
右：川崎市高津区下作延横穴墓（7世紀）の壮年期女性の上顎歯。右上顎中・側切歯と左上顎中切歯に異常摩耗（矢印）が認められる。唇側からみる。

県下では，川崎市中原区西田原横穴墓のほか，大磯町愛宕山・横浜市緑区奈良熊谷・川崎市高津区下作延（写真4右）・同中原区井田伊勢宮横穴墓の人歯から磨耗痕が確認されている。成年から壮年期の女性に多く，一つ横穴墓から複数の人骨が発見されても，磨耗歯をもつ女性は1遺骨という。横穴墓が通説どおり家族墓的な墓制であれば，もっぱら苧績み作業は女性による家内的な労働であって，西田原1号横穴墓に葬られた若い女性が，苧績み作業に従事する技術者であったことは間違いなかろう。

若い娘子が苧績みする作業風景は，古代文芸の世界からも垣間見ることができる。

　　娘子らが　績み麻のたたり　打ち麻懸け　うむ時なしに　恋ひわたるかも　（万葉集2990）[1]。

このような苧麻素材の布織物づくりを詠った万葉の東歌として，広く人口に膾炙しているのがつぎの1首である。

　　多摩（麻）川に　曝す手作りさらさらに　何そこの兒のここだ愛しき

(3373)

多摩川で曝す手作り布のように，さらにさらに何故この子はこんなにかわいいのであろうか。作業する若い女性の横顔の美しさも重なっていよう。では多摩川のどの辺りが舞台であろうか。川沿いには，調布・染地・布田・砧など布さらしを彷彿とさせる地名は遺称しているが，決定的な詮索手段はなかった。その意味で西田原・下作延・井田伊勢宮横穴墓など，多摩川下流域右岸の7，8世紀代の古代遺跡から，苧績み作業を直接的に示す所見が認められた意義は大きく，有力な定点となる。また下総国海上郡の麻績郷のほか，信濃国には麻績の名を冠する郷・駅名が多い。その背景に，苧績み作業を経て織られる生産システムが，無縁であったとは思われない。

武蔵国・上総国・下総国・常陸国は交易として商業活動で使う商布を多量に産出していた（第1表）。

そうした東国の地域性を彷彿とさせるような万葉歌がある。

　　　庭に立つ　麻手刈り干し　布さらす　東女を忘れたまふな(502)

常陸国の国守・藤原宇合（藤原不比等の子）が，養老5(721)年任地を離れるとき，宇合の遊行女婦をつとめた常陸娘子が贈ったとされる。庭畑に茂る麻を刈って干し，織った布を曝すわたしは東国の田舎臭い女ですが，どうか忘れないでください。ここでも「東国（常陸国）」と「布曝し」と「若き女性」が相関している。ちなみに，常陸国の曝布・上総国望陀郡の細貲（細い糸で織った麻布）・安房国の細布は，最上質の麻布とされていた。

武蔵国・上総国・下総国・常陸国は，第1表のとおり商布の多量産出国である。であるからには万葉歌にある，庭先の畑に生い茂る程度の麻の収穫量であったとは思えず，畑で計画的・組織的に栽培していたと考えたい。現に千葉県佐原市の吉原三王遺跡（8世紀後半～9世紀前半）からは，「大畠」・「吉原大畠」，千葉県佐原市・成田市などの8，9世紀代の集落跡（囲護台遺跡・長部山遺跡・丁子コパッチ遺跡など）からは，「大畠」と墨書された土器類が発見されている。そして麻の種子蒔きも，若き娘子の仕事であった。

　　　麻衣　着ればなつかし　紀伊の国の　妹背の山に　麻蒔く我妹（万葉集1195)[2]

第7章 多摩川下流域における古代律令期の生業基盤を想う 147

第1表 商布を交易雑物で出した国々 (『延喜式』)(森2001)

(単位:段、1段:2丈6尺=7.8m)

関東		関東以外	
武蔵国	11,100	駿河国	2,100
安房国	2,280	甲斐国	4,100
上総国	11,420	信濃国	6,450
下総国	11,050	越中国	1,200
常陸国	13,000	越南国	1,000
上野国	7,730		
下野国	7,003		
相模国	6,500		
(計)	70,083		14,850

(全長19.4cm、最大幅11.0cm)

写真5 打製石斧と打製石鍬の比較
1:川崎市鷺沼遺跡の打製石斧(縄文時代前期) 2:川崎市平東泉寺上遺跡の打製石鍬(弥生時代後期) 3:川崎市下作延神明神社東南遺跡の打製石鍬(古墳時代中期)

　大畠では苧麻や茜草のほか、多種の植物—特に粟・稗などの雑穀類が計画的に栽培されていたことであろう。多摩川下流域の水はけ良好な洪積台地上の弥生・古墳期の集落跡からは、縄文時代の打製石斧をいちじるしく大形・扁平にした畝作り用の耕作具「打製石鍬」が発掘される(写真5の2)。つづく律令期における洪積台地の生業システムは、これらの伝統的な耕作技術を基盤にして組織化されたものと思われる。なお、弥生時代の大形打製石鍬は、多摩川に面した沖積地(東京競馬場遺跡など)からも発掘されている。沖積地でも多様な生業システムが確立していたのであろう。

4. 役人居住の竪穴建物跡は,壁立て構造か

　最後に,大猿田遺跡に戻る。同遺跡の全体像は,磐城郡衙(根岸官衙遺跡)が管掌した出先機関・官営工房と総括されている。わたしはその見解を補強する意味で,F区画の建物構造に注目している。

　F区画には傑出した規模の大形竪穴跡が建ち,役人か,生産物を管理する者の居住区とされた。なかでも14号竪穴跡(8世紀中〜後葉)は,同遺跡では最大の一辺8.52mを測る方形プラン(推定)の大形遺構である。その特徴は,主柱穴(4本)のほかに,壁柱穴が周溝内に等間隔に穿たれている点と,竪穴跡を囲む深い28号・52号溝跡(排水用か)の存在である。この建物跡を構造的に復元すれば,壁柱穴に立つ小柱に支えられて外壁が立ち上がる「壁立て構造」であって,屋根の仕舞いは,先端が周堤盛土上に擦りつく,いわゆる「地葺き」にはならないであろう。加えて溝跡と,竪穴跡の外周との間隔が,1〜1.5m前後しか空いていない点も,地葺きによる仕舞いを否定している。同じF区画からは,14号竪穴跡と同じ構造の15号竪穴跡(9世紀前葉,第5図右上)と,それとセットになる39号溝跡が隣接しており,14号→15号の流れで,特徴的な建物は継続されていた。

　F区画は,役人か,生産物管理者が居住した一種の特区。同じ竪穴跡でも構造的な違いを見た目にもわからせる必要があった。壁立て構造は,その点で格好の指標となる。壁立て構造では,立ち上がった壁を保護するため,壁際沿いの支柱への荷重を極力軽減することが絶対的な要件となる。杉皮とか割り板で葺いた瀟洒な板葺屋根であれば,この条件に適う。現に横穴墓の線刻画からは,板葺屋根と明瞭に判断できる事例が確認されている[3]。線刻画を参考にすれば,壁も割板材であろう(119頁,第15図4〜7)。

　大猿田遺跡の壁立て構造の竪穴建物跡をみて,わたしは今から34年前に調査された栃木県益子町の星の宮ケカチ遺跡A地点(9世紀前半)の成果を思いおこした。同遺跡A地区からは,竪穴建物跡24軒,掘立柱建物跡8軒が発掘された(第5図下)。うち4・6・8号(第5図左上)竪穴跡は,大猿田遺跡F区画内の14・15号竪穴跡と非常に類似する。まず集落内では,図抜

第7章　多摩川下流域における古代律令期の生業基盤を想う　149

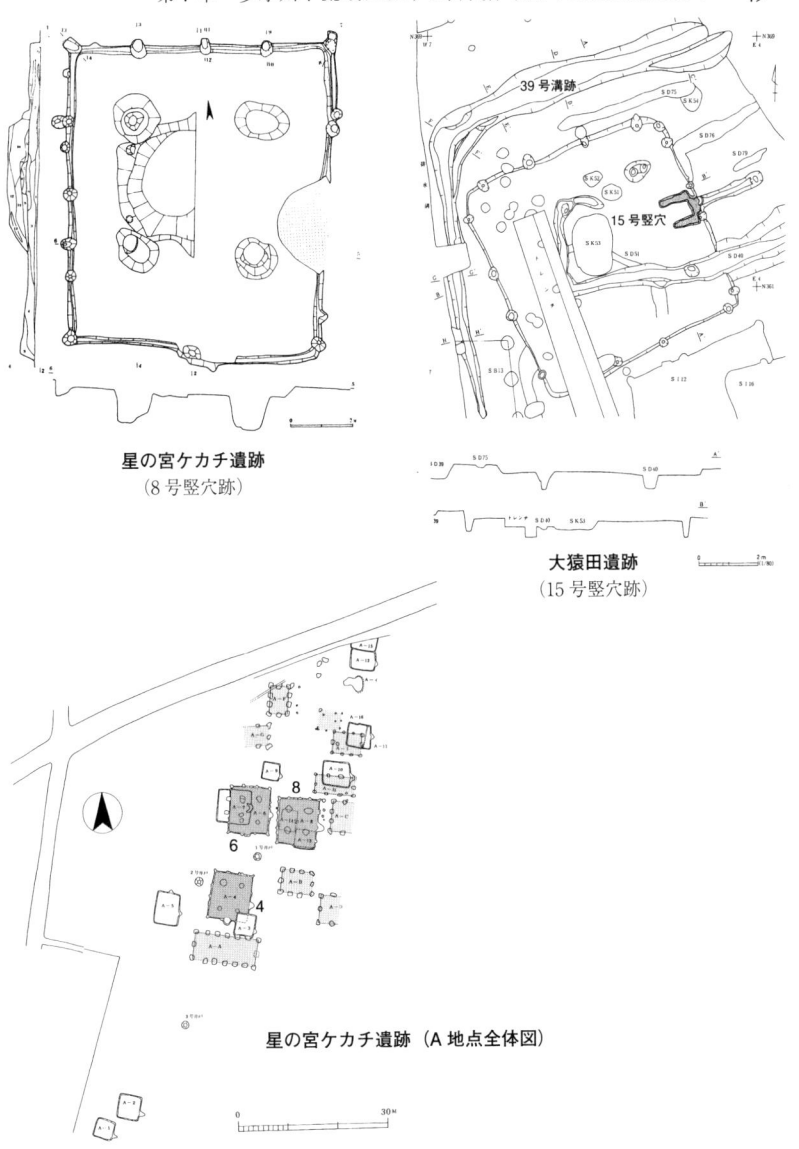

星の宮ケカチ遺跡
（8号竪穴跡）

大猿田遺跡
（15号竪穴跡）

星の宮ケカチ遺跡（A地点全体図）

第5図　竪穴構造が復元できる竪穴系建物跡
（『大猿田遺跡1』,『星の宮ケカチ遺跡』より改変）
星の宮ケカチ遺跡全体図のうち，濃いアミが4・6・8号竪穴跡，淡いアミが掘立柱跡を示す。

第2表　星の宮ケカチ遺跡A地区の遺物一覧（太字は大形竪穴跡）

遺構	特徴的な発掘遺物の内訳，数量など
A-1	「高」の墨書土器(土師)1
A-2	「高」「東前」の墨書土器(土師)各1　砥石1　異形遺物1　佐波理製匙1
A-3	石帯(丸鞆)1
A-4	「南」の墨書土器(土師)1　炭化した米を盛った坏1　円面硯1　鉄鎌1　鉄製紡錘車1
A-5	「南」の墨書土器(土師・須恵)各1　刀子1
A-6	「□家」の墨書土器(土師)1　「南」の朱文土器(須恵)1　石製紡錘車1　ハート型装飾品1　鉄鏃1
A-7	鉄製釬（？）1
A-8	「南」の墨書土器(須恵)1　高台の皿部に「十」または「大」の刻字(須恵)1　石帯(丸鞆)1（A-10の破片と接合）　刀子6　鉄鏃(雁又鏃)1　異形鉄製品(うち1点は留め金か：筆者註)
A-9	土製紡錘車2　鉄鏃1　刀子1
A-10	「花□」の墨書土器(土師)1　「南」の墨書土器(須恵)2
A-11	「寺」「南」の墨書土器(須恵)各1　「万」の刻字1　円面硯1　刀子1
A-15	「恵字」の墨書土器(土師)1

けて大形の竪穴建物跡（例えば6号は，8×9.4mの方形プラン）である。次に4本の主柱穴とは別に，壁際に沿って等間隔に壁柱穴が穿たれている。壁際沿いの壁柱穴について，星の宮ケカチ遺跡の報告書では，「竪穴住居跡の「壁」に続き「壁」が垂直に立ち，その上に屋根が架設された状態」が考えられ，「壁の柱穴は屋根を支えると同時に「壁」という面を作り出し，その結果として大型住居跡の構築が可能になると同時に，居住の空間が拡大」されたとする。わたしは，この復元案をきわめて的確と評価し，大猿田遺跡F区画内の14・15号竪穴跡もこれと同様に考えている。

　次に出土遺物を見てみよう。星の宮ケカチ遺跡A地区の特徴的な遺物類を遺構毎に集成した（第2表）。「高」「南」などの墨書土器，石帯（丸鞆）・留め金具（バックル）・佐波理製の匙（錫25～28％，銅70％で不純物微量の良質の青銅品）・円面硯・紡錘車（鉄製・土製）・刀子（多数）・鉄鏃（雁股型）・鉄鎌などが発掘されている。特に大形規模の4・6・8号竪穴跡に，遺物は集中している。あわせて遺構群の並び，方位観も興味深い。すなわち竪穴建物跡は，床面積の狭い・広いにかかわらず東西・南北位に掘られ，これを継承して掘

立柱建物跡も同様の方位観で構築されている（第5図下）。

　このように星の宮ケカチ遺跡A地区は，いわゆる官衙の出先機関的な様相がきわめて濃厚で，それはまた大猿田遺跡の報告書に盛られたF地区の特質とも共通している。竪穴建物跡といえば，一様に地葺き構造の草葺き屋根を想像してしまうが，個々の遺跡・遺構の特徴を検証してみると，また違った景観がひらける。それは遺跡の性格とも分かちがたいことがわかる。

註

1) 文意は，「乙女達はたたりに麻を懸けて糸を績むが，私も倦む（績む）ことなくあの人を恋い続けています」。
2) 文意は，「麻の衣を着ると懐かしい。紀伊国の妹背の山で麻の種子を蒔いていたあの子のことが」。妹背の山とは，並び立つ妹山と背山のこと。通常は仲のよい夫婦になぞらえられる。
3) 管見では，川崎市高津区の久本横穴墓，同市麻生区王禅寺白山横穴墓で明瞭に確認できる。ただ横穴墓であるから，画題が「喪屋」である可能性は考慮する必要がある。

引用文献

板橋正幸 2007『長者ヶ平遺跡』栃木県埋蔵文化財調査報告第300集　栃木県教育委員会ほか

大越道平ほか 1998『常磐自動車道遺跡調査報告』11（大猿田遺跡・第2次）福島県教育委員会ほか

川崎市市民ミュージアム 2003『古代を考えるⅠ―郡の役所と寺院―』特別展図録

川原由典ほか 1978『星の宮ケカチ遺跡』栃木県益子町教育委員会

鬼頭清明 1991「木簡の史料的意義」『月刊考古学ジャーナル』第339号

佐久間芳雄ほか 1996『常磐自動車道遺跡調査報告』6（大猿田遺跡・第1次）福島県教育委員会ほか

品川区立品川歴史館 2004『むさしの国・荏原―荏原と荏胡麻の歴史を探る―』特別展図録

田中弘志 2008『律令体制を支えた地方官衙・弥勒寺遺跡群』シリーズ［遺跡を学

ぶ]46　新泉社
田村真八郎・石毛直道編『日本の風土と食』ドメス出版
中井忠和 2008「磐城郡白田郷についての一考察」『いわき古代の風』第3号
平野卓治 1993「律令制下における川崎市域」『川崎市史』通史編1
望月一樹 1991「二条大路出土の橘樹郡関係木簡をめぐって」『川崎市市民ミュージアム紀要』第4集
森　浩一 2001『関東学をひらく』朝日新聞社
森本岩太郎 1995「苧績み作業によると思われる飛鳥・室町時代女性切歯の磨耗」『人類学雑誌』103巻5号
森本岩太郎 1999「古人骨に見る日本文化の伝統」『日本赤十字看護大学紀要』第13号

その後の見聞録

「4. 役人居住の竪穴建物跡は，壁立て構造か」に関連する良好な類例が本論と相前後して報告された。それは東京都北区の中里峡上遺跡である。本論が発表された2か月後に，『東京都北区中里峡上遺跡発掘調査報告書』（土屋健・合田芳正・高林均 2009）として詳細が公表された。1号（SI01）が当該の遺構で，報告書からその特徴を整理してみる（第6図上）。

(1) 南北7.0×東西6.2 m，床面積33.6 m²（約10坪）というほぼ正方形で，かつ大形の遺構である。大猿田遺跡や星の宮ケカチ遺跡の所見ともきわめて整合的である。

(2) 床面における炭化材の散在から，確実に火災住居と判断される。

(3) 竪穴家屋は4本主柱で，柱材の痕跡から各々は直径約30 cmの柱と判明した。壁際の周溝には，壁を支える柱が9本確認され，さらに壁面には細い杭痕跡が観察された。これらの所見を勘案してみると，（伏せ屋ではなく）壁立式構造の竪穴と判断できる。これらも大猿田遺跡や星の宮ケカチ遺跡の所見とも整合している。

(4) カマドは全国的みても最大級の大きさで，スサ入り粘土でコーティングされていた。

(5) 遺物は，土師器・須恵器・須恵系土師質土器など4,236点が出土し，遺

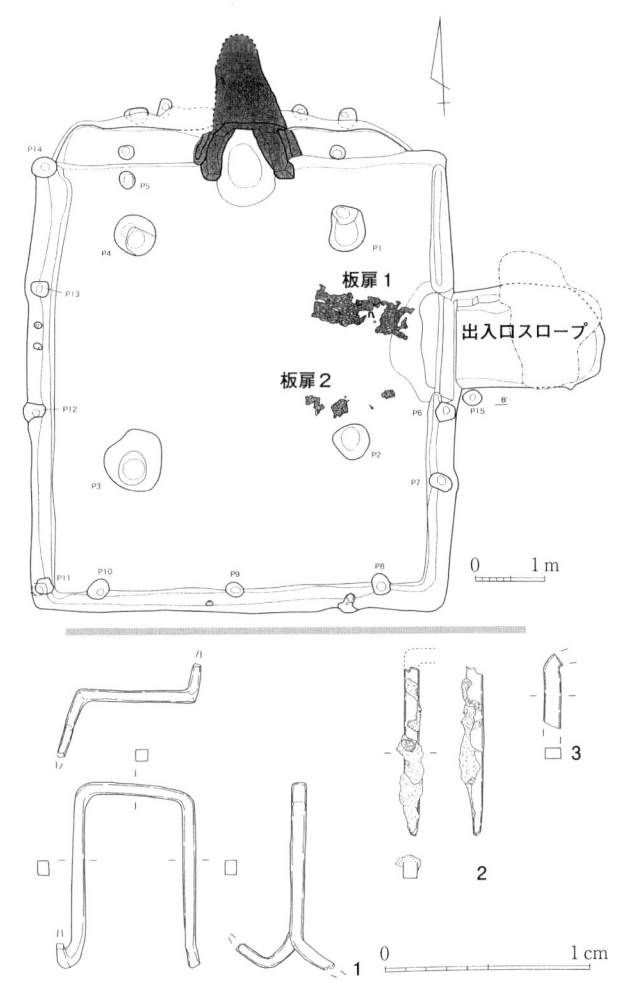

第 7 章　多摩川下流域における古代律令期の生業基盤を想う　153

第 6 図　中里狭山遺跡 S101（上）と出土閂金具（下）
1・2：板扉 1　3：板扉 2

構は 9 世紀第 2 四半期～中葉に属する。遺物のなかには，鳥形把手と獣足がつく須恵器製の大型平瓶など，傑出した土器類を含む。また，鉄塊・鉄滓・鍛造剥片・玉状滓や大量の鉄製品が発掘されている。さらに，細やかな肌理の乳白色の石に淡いピンク色が掛かった石帯状石製品も発掘されており，役

人らの出入りが示唆されている。これらの所見も大猿田遺跡や星の宮ケカチ遺跡の性格との類似性を示唆している。

(6) これらの所見から総合して、1号（SI01）遺構は、鍛冶炉こそ確認できなかったものの官営の工房跡で、室内では精錬・鍛造鍛冶などの作業が行われたものと判断された。

ちなみに中里峡上遺跡は、武蔵国豊島郡衙の南西約800mに位置し、官衙の外郭域に相当している。過去の調査でも大量の瓦や鉄滓、獣脚付きの鉄釜、「寺」の墨書土器、瓦塔、銅鋺などが発掘されており、豊島郡衙に関連する郡寺推定域とされてきた。さらに、今回の1号（SI01）で注目されたのは、板扉とそれを操作する閂（貫ぬ木）金具の発見である。

(7) 出入り口はスロープ状になって堅く締まっている。そこから室内に倒れ込むようにして、板扉が2枚発見された。特に北側の扉は遺存がよく、長さは145×52cmをはかる長方形で、厚さは0.1～2cm前後であった（板扉1）。板材はヒノキ。一方の南側の扉は、遺存状態がよくなかった（板扉2）。周辺からは、閂金具が3本発見された（第6図下）。板扉の操作は、室内に向けて開く観音開きであるから、閂に嵌めこむ施錠は外側から操作していたものと推測された。

以上、中里峡上遺跡の1号（SI01）で確認された(1)～(7)の所見は、大猿田遺跡や星の宮ケカチ遺跡で指摘してきた遺跡の性格とか、個別の遺構の復元案ともきわめて整合しており、(7)の板扉と閂金具の発見は、それを確実に裏付ける大発見といえる。

第8章　まぼろしの大井駅家をめざして
小高駅家を出立する

祭政一致した武蔵国橘樹郡の姿をえがく

　古代の武蔵国橘樹郡に関する考古学的な研究資料が急速に集積されてきた。
　近年の地域古代史の研究では，祭政一致した政治的・宗教的な拠点の解明はもとより，それをとりまく陸運・水運・祭祀などのインフラ整備，加えて背後の生業基盤にまでを思慮した調査・研究が求められている。その点で，古代の武蔵国橘樹郡に関する調査・研究は十全とはいえないが，将来にむけての展望が拓けてきたことは事実である（戸田・河合2005，村田2010）。
　武蔵国橘樹郡の場合，研究の嚆矢は古代からの法燈を現在に伝える影向寺（神奈川県川崎市宮前区野川419）であることは揺るがない。境内採集の古瓦類から，創建は7世紀第4四半期に遡り，8世紀中葉に再建され，橘樹郡の鎮護を願う寺院に徐々に変質していく姿が描けてきた。伽藍としては，現薬師堂下が金堂跡（講堂説もある）で，影向石（塔心礎）の近辺に三重塔が建てられた。瓦葺の寺院と方位が異なる，先行する堅牢な掘立柱建物跡も発掘されている。地域豪族の居宅が，まず捨宅寺院になったのであろう。
　古代寺院に対応する郡衙域が，平成8年に発見された千年伊勢山台遺跡（川崎市高津区千年伊勢谷台437-1ほか）である。影向寺とは，大きな谷戸を挟んで東西に並び，両者の距離は約350mほど。時期的には，古代影向寺の創建とほぼ対応するころにはじまり，両者はきわめて一体的に計画・設営された。台地の裾部の久本村周辺には，古代の条里跡ものこる。しかし，千年伊勢山台遺跡は8次に及ぶ範囲確認調査でも，郡衙の正倉跡のみで，もっとも枢要な郡庁関連と明確に断定できる遺構は発掘されていない。
　では，もっとも枢要な郡庁はどこに設営されたか。結論的には，わたしは千年伊勢山台遺跡の南東方向につづく子母口富士見台に想定している。その

理由をいくつかあげてみる（第1図）。

　第1の理由は，現在の子母口富士見台は，起伏のある瘤状の地形になっているが，それは大正6年以降の地勢であって，明治14年製の地形図では，標高30mの等高線が一周する平坦な台地であった。この広さであれば，郡庁施設一式は十分設営できる。さらに，千年伊勢山台遺跡に設営された第1期（7世紀後半代）の正倉跡は，主軸方位が東に約60度ずれるが，それをそのまま延長すると子母口富士見台の台地中央部を通る。この方位に郡庁をあわせれば，両者の建物群は一体化し，まさに有意の方位となる。

　おそらく郡庁の南面には，郡名に冠された橘の巨木が聳えていて，常に領民のランドマークになっていたのであろう。またあるときには「橘の蔭履む路の八衢に 物をそ思ふ妹に逢はずて」（万葉集125）と詠われるような，邂逅と別離を見届ける舞台になっていたのであろう。

　第2の理由は，「倉庫令」に規定された正倉院は郡庁などと50丈（約150

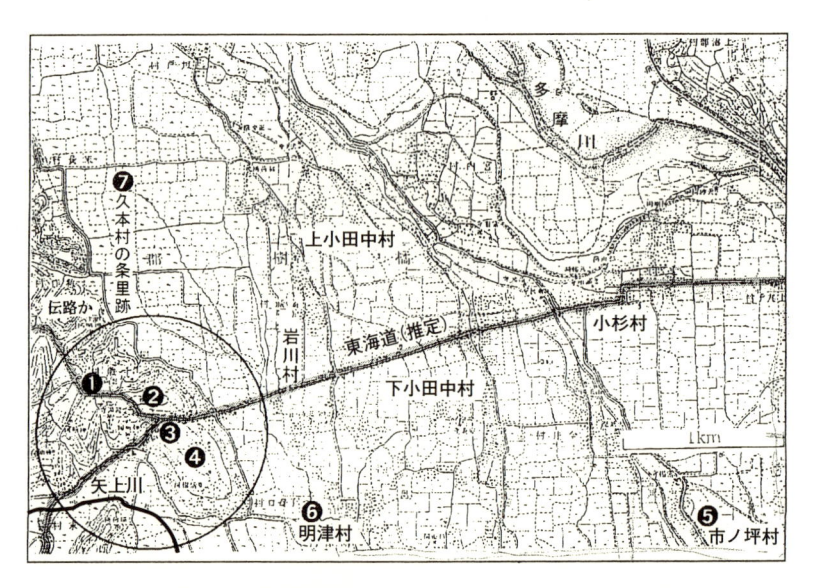

第1図　古代橘樹郡の政治・宗教上の舞台と推定・東海道筋
1：影向寺（古代の郡寺）　2：千年伊勢山台遺跡（正倉跡）　3：小高駅家推定地　4：郡政庁と正倉院の別院　5：市の坪村（条里跡）　6：明津村（津の跡か）　7：久本村の条里跡

第8章　まぼろしの大井駅家をめざして小高駅家を出立する　157

m）以上離し，かつ高燥の地とする決まりにも合う。領民には，標高30 mの郡庁域から正倉院（標高40 m）の堅牢な建物を遠くに見上げさせる。これだけでも，国家の示威は存分に示せたのである。

　第3の理由は，子母口富士見台の先端部に，蓮乗院北遺跡（川崎市高津区子母口135-1）が位置する（第1図の4）。この遺跡からは，千年伊勢山台遺跡とまったく同一設計の正倉跡や屋と思われる建物跡が発掘されている。すなわち子母口富士見台を含む広い範囲が，はやくから橘樹郡衙域であったことが証左されている。蓮乗院北遺跡の性格は，その前方を流れる鶴見川の支流である矢上川の水運と不可分と思われる。おそらく千年伊勢山台に設営された正倉院の別院であって，この地に納税物を一旦集積・格納し，そこから矢上川を使って漕運したのであろう。そこに設営された津（船着き場）の位置こそ，子母口村に隣接した「明津村」と思われる（第1図の6）。

　水運に触れたからには，もう一つ重要な課題がある。陸運，すなわち古代の東海道の小高駅家跡の推定位置である。おそらく，千年伊勢山台と子母口富士見台の少し低くなった部分には，古くから領民が頻繁に往来していた道があり，それが多摩川に向け一直線に続いていたのであろう。

　その道を改修したのが，宝亀2(771)年10月に東山道から所属替えされた東海道と思われる。『延喜式』には，小高駅家が置かれたとある。その位置については諸説があるが，わたしは子母口富士見台に，郡衙の郡庁と並置されていたものと考えている。駅家と郡衙（郡家）がおなじ空間域にあったことは，『出雲国風土記』の意宇郡・神門郡が「駅．郡家と同じき処なり」とあることからも十分に考えられる。詳しく触れる余裕はないが，近年ではいくつかの遺跡からも証明されている。

　いざ，小高駅家から大井駅家をめざして出立しよう。

大井駅家をめざして

　武蔵国は宝亀2(771)年10月，物資や情報の伝達になにかと不便をきたしていたので，東山道から東海道に所属換えさせられた。橘樹郡内には小高駅家が置かれ，駅馬10匹（頭）・伝馬5匹が常備された（『延喜式』兵部省諸国駅

伝馬条)。

　小高駅家で一息ついてから，つぎの大井駅家へめざして旅立つ。そのルートは，現在の中原街道に沿う直線的な道で，武蔵小杉・上丸子から多摩川へいたる。承和2 (835) 年6月29日の太政官符によると，対岸との距離幅があって橋が架けられないいくつかの河川には，渡船の増加を認めた。武蔵国石瀬川（いわせがわ）は，1艘から2艘の増が認められた（『類聚三代格』）。その石瀬川は，現在の多摩川であるから，荏原郡側へは船で渡っていたことになる。

　あとは現在の中原街道に沿って，北東方向に真っ直ぐに進む。約3kmで洗足池にいたる。明治14年の地図では，道はここで二又に分かれる。直進すると戸越村へ，東方向の道へ進むと，約3.5kmで大井村に出る。そこは標高15～16mの広い面積をもつ平坦な台地であった。現在の行政区でいえば，品川区東大井4, 5丁目，すなわち大井町駅周辺にあたる（第2図）。

　古代の大井駅家の位置は，当然，遺称地名から推測しても，現在の東大井4, 5丁目を起点とする，かつての広大・平坦な台地上に求めるのが穏当であろう。荏原郡衙も大井駅家の周辺の台地か，その台地を南方に下がった台地，あるいは「不入斗（いりやまず）」村が台地下に迫る現在の大井1～4丁目周辺の台地上でなかったかと推測している。それを裏付ける考古学的所見を示せ，と正面から問われればお手上げである。しかし，いつまでも手をこまねいて思考停止状態ですませるわけにはいかなかろう。

大井駅家・荏原郡衙に関する諸説

　まず，わたしが知りえる範囲で，大井駅家・荏原郡衙に関するこれまでの諸説を紹介しよう。

1. 大井の地名と大井駅家について

　昭和13年発行の『日本地名大辞典』（日本書房）を見ると，日本各地に大井の地名が散見できる。その意味は水が涌く「大井」（茨城・栃木・埼玉・東京など）と，水を堰きとめる「大堰」（岩手・埼玉・千葉・神奈川・山梨・静岡など）に分けられる。品川区大井は前者である。品川区大井については，『日本地名大辞典』でも，隣接の「不入斗」村とあわせて，延喜式にある大井駅

第8章 まぼろしの大井駅家をめざして小高駅家を出立する 159

第2図 推定東海道筋と大井駅家跡
円内の中心部が現在の大井町駅。海岸にきわめて近いことがわかる。

家が置かれたところとされ，中世の大井郷になったとも記されている。この考えは，平成11年発行の『古代地名大辞典』（角川書店）に引き継がれる。一方，坂詰秀一は，式内社の稗田神社や磐井神社が微高地に立地し，その周辺に漁撈集落が形成されているが，そうした地域は容易に冠水するので，駅家は想定しがたいとして，荏原郡駅家郷に比定できる仙台坂貝塚や南品川の横穴墓周辺の洪積台地上に大井駅家を想定された（坂詰1973）。

2．大井村の地名由来について

『新編武蔵風土記稿』によると，光福寺（第2図）境内の松樹の下に井を掘ったところ，人力を借りずに清泉が出た。ときに建仁元（1201）年6月15日。男子が誕生したので，その水を汲んで産湯とした。井は霊井につき大井と名づけ，村も大井村としたという。井の跡は，客殿の北の方の山腹にあり，横に穿たれた大きな穴であった。また不入斗村の鈴森八幡社（第2図）には拝殿側に磐井がある。この水は邪の願望で呑むと苦く，正道の願をかけて呑めば清水で，病者が呑めば霊験がある薬水になると信じられていた。

3．大井駅家は戸越村説について

本格的に大井駅家の位置を論じた唯一の論文がある（高橋1995）。結論は，石瀬川（多摩川）を船で渡って，現在の中原街道を北東方向に真っ直ぐに進む。ここまでは多くの人が考える。違うのは，洗足池を過ぎても直進して戸越村に出て，戸越に大井駅家を推測している点だ。理由は二つ。一つは古墳時代に海進があり，現在の品川区大崎辺りが汀線と推測される。大井町周辺が大井駅家であると，目黒川の河口辺りは海で，直線的な道は設定できない。二つには，鎌倉期の御家人の大井氏の故地は，大井駅家であり，そこは荏原郡衙が推定される荏原郷に隣接した近世の戸越村である，という。

古代の海進説は提唱されているが，海面の上昇はわずか20～30cm前後で，時期も平安後期である。むしろ古墳時代の汀線は後退している（藤2006）。海面の上昇・下降水位は，縄文海進の研究からわかるように，日本海側でも太平洋側でもほぼ同じ。現在の品川区大井から目黒川を跨いで豊島方面へ続く直線の道は，古代でも十分に通行ができたと思われる。

4. 瀧王子村から発見された古瓦について

　大正12年7月発行の『大井町誌』(小松1923)には，大正8年に大井町字瀧王子村の畑地から古瓦が発見され，布目瓦であると報告された。瓦の年代は平安時代で，当時，この地に瓦葺の寺が存在したものと推測された。瓦の発見地はすでに宅地になっているという。注目される報告である。

5. 荏原郡衙は蒲田郷周辺とする説について

　多摩川の左岸河口近くの安養寺（大田区西六郷の古川薬師）には，聖武天皇・光明皇后・行基・銀杏への乳乞いなど，武蔵国橘樹郡の『影向寺縁起』によく似た縁起が伝わる。平安後期の薬師如来・釈迦如来・阿弥陀如来などを所蔵されている。また関連する時期の遺跡も蒲田・六郷辺りに多く見られる点から，この辺りに荏原郡衙の所在位置を求める考えがある（大田区教育委員会 1993）。しかし，縁起は後世の潤色も考えられる。なによりも河口付近という立地は，多くの人が集まり物資が集積される郡衙としては，危機管理上のリスクがあまりにも大きすぎる。しかし多摩川の河口部に，船の出入りなどを管理するための施設が古くからあったことは十分考えられる。

6. 東海道の道跡痕跡について

　平成11年度，東京都教育委員会は，既往の研究資料をもとに，品川区大井鹿嶋神社内（品川区立歴史館隣接地），世田谷区東玉川1丁目3番地，世田谷区東玉川1丁目5番地，大田区田園調布1丁目の4地点を選んで発掘調査を試みている。東海道を示す痕跡は確認できなかったが，大井鹿嶋神社に隣接する大井鹿嶋遺跡の溝状遺構については，道路状遺構の可能性に言及された（東京都教育委員会 2001）。また，京浜東北線大森駅の北方約200mの大田区山王一丁目6番地所在遺跡からも，古代道路に特徴的な波板状の凹凸面をもつ幅員6m以上の道路状遺構が発掘されている。その設営時期は，奈良時代後半期とされる（河合・舘 2001）。

　初期の道路（駅路）の幅員は12～13mもあるが，武蔵国の東海道所管換えは奈良時代後半の宝亀2(771)年であるから，まったく新規に開削されたとは思われない。これまで往来してきた道を若干普請した程度であろう。

7. 郷レベルの官衙跡？について

　東京都大田区中央8丁目に位置する十二天遺跡からは，役人の腰帯につける銅製の丸鞆(まるとも)1点と，律令祭祀に関連する木製の立体人形(ひとかた)（人の顔面像，8世紀後半）1点などが発掘された（第3図）。報告書では，郷（里）レベルの官衙に関連する可能性に言及されている（福田1999）。

　このようにわたしの知るかぎり，大井駅家・荏原郡衙に関する直接的な考古学的所見は，まだあがっていないようである。

大井に清泉ありて男女会集ひり

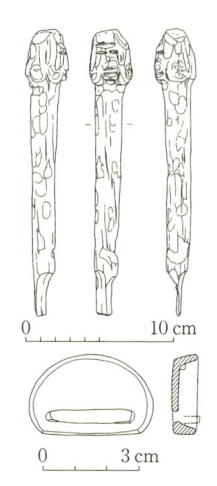

第3図　十二天遺跡出土の木製人形（上）と銅製丸鞆（下）
（調査報告書より）

　東京都品川区大井の地名は，鎌倉時代初期の建仁元（1201）年，光福寺の境内松樹の井から出た清泉による（『新編武蔵風土記稿』）が，それは風土記稿選者の採集譚であって，歴史上，大井と称する地名は確実に古代にまでさかのぼれる。『常陸国風土記』『出雲国風土記』に書かれた「大井」にちなむ地名をあげ，必要な箇所を抜粋してみる。

1. 郡の東に国社(くにつやしろ)あり。此を県(あがた)の祇(かみ)と号(なづ)く。社の中に寒泉(しみづ)あり。大井と謂(い)ふ。郡に縁(よ)れる男女，会集(つど)ひて汲み飲めり。（常陸国風土記・行方郡）

2. 村の中に浄(きよ)き泉あり，俗(くにひと)，大井と謂ふ。夏は冷(ひやや)かにして，冬は温(あたたか)し。湧き流れて川と成る。
夏の暑き時，遠鑭(をちか)の郷里(むらさと)より酒肴(さけさかな)を齎(ちき)きて，男女合集(つど)ひ，休遊(あそ)び飲楽(たのし)めり。其の東と南とは，海辺(うみべた)に臨む。（常陸国風土記・久慈郡）

3. 大井の浜。則ち海鼠(こ)・海松(みる)有り。又，陶器(すえもの)を造る。
邑美(おほみ)の冷水(しみづ)。東と西と北は山，並びに嵯峨(さが)しく，南は海潭(ひろ)漫(まなか)く，中央は鹵(かた)，攪擁(いづみきよ)々し。男も女も老いたるも少きも，時々に叢集(つど)ひて，

常に燕会する地矣。(出雲国風土記・島根郡)

　これ以外にも同種の記述は，古代風土記に散見できるが，「清冽な水の流れ」「男女の楽しい語らい」が共通し，その地は「海浜」である（久慈郡・島根郡）。井は大井（行方郡・久慈郡），浜も大井と伝える（島根郡）。加えて常陸国行方郡の条からは，神社・大井・郡家（郡衙）が相互に隣接しあう立地的な風景さえも彷彿とすることができる。

　このように整理すると，武蔵国荏原郡大井周辺は，風土記が伝える海浜部・清泉の湧出・大井（清泉・浜）なる地名という三つのキーワードを十分に満たしているのである。

会集ひし男女が興じた歌垣

　『常陸国風土記』筑波郡の条には，筑波山麓の清泉を舞台にした歌垣風景がある。有名な話であるから大意だけを記す。筑波山の東の峰から涌き出る泉は，冬も夏も絶えることがない。足柄の坂（峠）から東の諸国の男女は，春の花が咲くころ，秋の木の葉が色づくころになると，手をとりあい食べ物を持って集まり，泉のまわりで終日楽しく過ごす。そしてその夜だけは，歌垣の場で出会った男女は，性の放縦がゆるされた（瀧音1994）。つまり，国社の樹林内の泉や，海浜から湧き出る清泉に集う男女には，避暑をかねた水飲みや宴席のあとに，もっと享楽的な歌垣の場が用意されていた。

　『常陸国風土記』香島郡の条には，さらに詳細な歌垣の場がみえる。場所は軽野の里の南の松原。昔，容姿・容貌が整った男女がいた。お互いの評判を聞いた2人は「月を経，日を累ねて，燿歌の会（俗，宇太我岐と云ひ，又，加我毗と云ふ。）に，邂逅に相遭へり」——。そして2人は「便ち，相語らまく欲ひ，人に知らむことを恐りて，歌場より避りて，松の下に蔭り，手を携へ膝を促けて，懐を陳べ，憤を吐く」——。風土記は文学的に抑制を効かせているが，若い2人はきっと情熱的に性の放縦をしたであろう。やがて夜が明け，2人は逢瀬を人に見られたのを恥じて，2本の松に化身してしまった。男は奈美松，女は古津松と名づけられた。

　伝説の歌人として名高い高橋虫麻呂は8世紀前半の人で，常陸守として赴

任した藤原宇会との関係も取り沙汰されている。その虫麻呂が，筑波山の歌垣を詠んでいる。歌垣に参加した？律令官人は何を感じたのであろうか。

　　鷲の住む　筑波の山の　裳羽服津の　その津の上に　率ひて　未通女
　壮士の　行き集ひかがふ嬥歌に　人妻に　吾も交はらむ　あが妻に　他
　も言問へ　この山を　領く神の　昔より　禁めぬ行事ぞ　今日のみは
　めぐしもな見そ　言も咎むな（万葉集1759）

　歌の大意は，鷲が住む筑波の山の裳羽服津の，そのほとりに，呼び合って若い男女が歌垣をする。その歌垣にわたしも加わり，人の妻と交わるであろう。わたしの妻にも，言葉をかけてくれ。山を領じている神も，昔からそれを禁じていない。今日だけは愛しい人も見るなかれ，咎めだてもするな，という意。声が掛からなかった女性は，可哀想に疎まれたと思われた。

　歌にある「裳羽服津」は，前後の文脈から，場所，それも歌垣の場を暗喩している。そのためには裳羽服津の原意を探ってみる必要があろう。

裳羽服津と道鏡の薦槌

　まず，裳羽服津の，「裳」——。男性には10代前半の年齢で，冠をつけ髪型や衣服を改める「元服」の儀礼が古代からあった。女性も12〜14歳になると，裳をつける「裳着」という通過儀礼があった。裳は女性の腰部を被う衣服。一種の巻きスカート状のもので，「丈夫は御狩に立たし　少女らは赤裳裾引く清き浜迴を」（万葉集1001）とある。「羽服」は，「著る」の意味であるから，「裳を身に着けた」と解釈できる。「津」は，一般的には舟などの渡し場の意味であるが，筑波山中に渡し場はないので，それ以外の意味が隠されている。そこで「裳羽服」に対応する歌謡として，『日本霊異記』下巻第38条のつぎの歌が知られている。

　　法師等が裙著とな侮りそ。之が中に要帯薦槌懸レルゾ。彌發つ時々
　　〔畏〕き卿や。

　裳の着用は女性のみとされたが，男性でも法師（僧侶）だけには許されていた。この歌謡は，称徳女帝と，彼女に近づいて法王位にまで登りつめた弓削道鏡との不適切な関係を，庶民が鋭い感覚で皮肉った。「坊主（道鏡）

は（女性と同じ）裳（裙も同じ）を着けているからといって，侮るな。裳の下には，腰帯（官位を表わす玉や宝石類で飾ったベルト）と薦槌が垂れ下がっているぞ――。薦槌とは，薦や俵などを編む時に，紐を巻きつけてさげる木製の槌のこと。古い時代の考古遺物にもある。しかしこの歌謡では，あきらかに世に逸物と喧伝されていた道鏡の陽根を暗喩している。

　道鏡の裳の下に隠されていた「薦槌」に対応する裳羽服津の「津」が，何を暗喩しているかは，ここまでくれば推察できよう。白川静の『字統』・『字通』によると，「津」には，「しみでる」の意味もある。その場合，津は聿と彡に分け，聿は皮膚を刺す細い針のことで，彡はしたたる津液（体内から出る唾液など液体の総称）のこと。女性の下半身を覆う裳の下から「しみでる」液体の暗喩となれば，秘所以外に考えられない。つまり虫麻呂は，歌垣が行われる場所自体を，女性の秘所に暗喩して詠ったのである。

　歌垣は筑波山中以外でも，神社の樹林内や海浜で井がいずる，いわゆる「大井」の周辺でしばしば行われ，そこに男女が集ってきた。井が「しみでる」意の津と重なり，しかも井・津と神社・郡家が相互に隣接しあう風景も古代の風土記から描くことができる。おそらくその周辺には，官道や駅家も当然隣接していたであろう。

　歌垣に中国風の嬥歌をあてることは，虫麻呂が詠んだ歌にもある。嬥は「趯」に通じ，踊る・跳ねるの意。歌垣とは男女が人垣をつくり，大地を踏み鳴らし，求愛する行為。

　　海石榴市の　八十の衢に　立ち平し　結びし紐を　解かまく惜しくも

（万葉集 2951）

　海石榴市の位置は，奈良県桜井市金屋付近，同市粟殿付近など諸説があるが，歌垣の地として知られていた。そこはいくつにも道が分かれる衢（道股・チマタ）であった。大地を踏み鳴らし踊った歌垣の時に結んだ紐を，今解くとは何とも惜しいことよ（解くことは別離を意味する），と着物の紐1本にかけた官能的な歌である。ちなみに「立ち平し」という表現に，嬥歌に通じる歌垣の特徴が見い出せる。演じる場所は，海浜や清泉のまわりであったり，隣接して神社・郡家があったり，人が頻繁に行き交う衢であった。この仕草

福島県清戸迫76号横穴墓の壁画

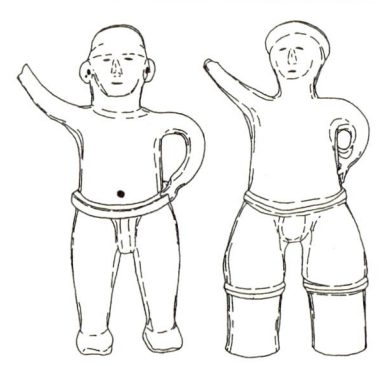

長瀞総合博物館蔵，福島県原山1号墳

第4図 「ちからびと」による反閇(へんばい)の呪儀をイメージさせる装飾古墳の壁画(上)と力士埴輪(下)(辰巳2002)

は，辰巳和弘が力士埴輪や装飾古墳の壁画から「反閇(へんばい)」の儀礼を推測したように(辰巳2002)，あるいは五来重が相撲の「四股を踏む」・「醜踏(しこふみ)」から考察(五来1994)したように，邪霊を征服して四方に配された地霊を「常若(とこわか)」にする祭儀にあった(第4図)。より根源的には，中国では燿歌の字をあてるように，農民が地霊を踏んで豊作を願う予祝行事であった(西郷2008)。

武蔵国豊島郡衙(東京都御殿前遺跡)や同国榛沢(はんざわ)評衙(埼玉県熊野遺跡)からは，大きな井戸跡が発掘されている。井を囲み，燿歌する未通女・壮士の姿を描くこともできよう。

葛飾の　真間(まま)の井を見れば　立ち平し　水汲ましむ　手児奈(てこな)し思ほゆ(万葉集1808)

真間は，下総国の国府所在地。そこの井に水汲みに来る人々のなかに，絶世の美女がいて，多くの男に求愛されたが，誰になびくこともなく命を絶ってしまった。この場に来るとその手児(乙女)を思い起こす。官衙・立ち平なされた御井戸の周辺・若き男女の出会い，という設定は，わたしたちを歌垣の世界へと誘う。

地霊を踏んで湧き出でる泉の水は，生命復活の象徴でもあった。

不入斗・不入読・入山瀬・入山津考

歌垣の本質部分を垣間見ることができた。次に不入斗・不入読・入山瀬・入山津など村名・地勢に冠せられた特徴にふれておきたい。

第8章　まぼろしの大井駅家をめざして小高駅家を出立する　167

　海岸沿いの大井村と大森村の中間に，新井宿村と不入斗村が位置する（第2図）。うち不入斗村は，より海岸に近く位置し，イリヤマズ村と読む。『新編武蔵風土記稿』には，不入読とも書かれている。それによれば，諸国に不入斗・不入読村の地名があるが，その近くには式内社があって，国守への貢税が免じられる「神田」があるという。つまり神田からの収穫は，「斗らず（計らず）」「読まず」であったと──。日本地名研究所の金子欣三のご教示によると，不入斗とされる村や周辺の場所を地勢的に眺めてみると，突き出た丘陵と丘陵，その間に深く湾入した谷部を含む景観が圧倒的に多いという。しかし，そうした景観の谷部では，仮に水田可耕地として開発しても，涌き出る水が冷たい「谷戸田」であるから，多くの収穫量は望めなかろう。そこがあえて「神田」では，名称と実態に齟齬をきたしている。

　一方，『民俗地名語彙事典』（上）によれば，不入斗はイリヤマセとも読ませるという。文字にすると「入山瀬」──。「入」は，谷の奥の方，山寄りの意味であるから，不入斗・不入読と地勢的な特徴は通じている。次の「瀬」は，川の瀬などにも使われるように「場所」の意味もあるから，「入山瀬」は「山の奥の場所」であると解釈している。

　しかし，同事典によれば，「入山津」の字をあてることがあるいう。そうであれば，万葉歌人が詠んだ「裳羽服津」の「津」の原意から解釈して，イリヤマセ＝「入山津」であろうと推測できる。つまり奥深い谷戸地形のなかで，周辺の山からしぼられ溜まった水か，地下から涌き出る水かは別にしても，それは「津」の原意である「しみでる」の意に通底する。つまり「谷戸」でなく，「谷津」なのである。

官衙遺跡群のなかの「裳羽服津」

　官衙遺跡群のなかには，古代の風土記・万葉の世界が連想できるような事例がいくつかあげられる。たとえば武蔵国では，現在の行政区では異にしているが，埼玉県深谷市の武蔵国幡羅遺跡（同郡の正倉院）と熊谷市の西別府祭祀遺跡（水辺の遺跡）と熊谷市の西別府廃寺（基壇遺構や瓦溜遺構など，郡寺か）の3遺跡が，わずか半径250ｍ内に位置しているので，これらは一体的

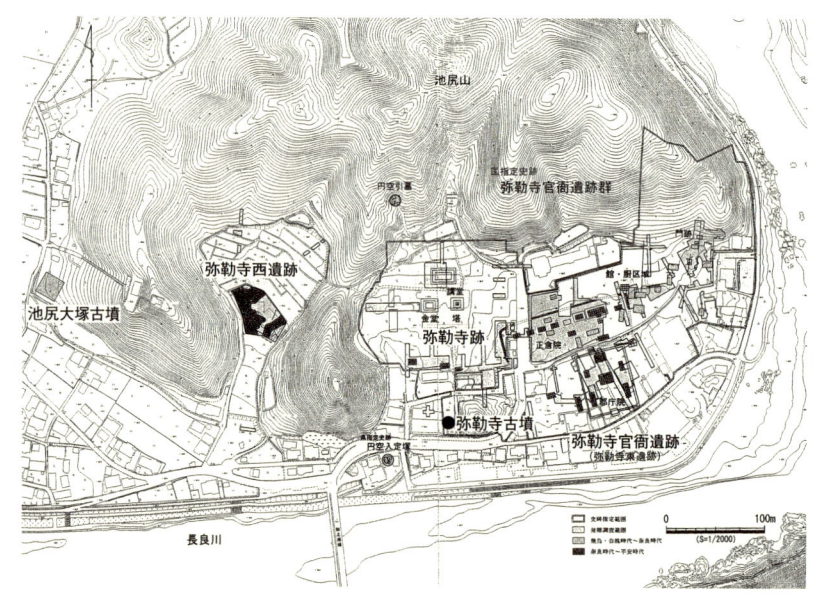

第5図　岐阜県弥勒寺官衙遺跡群（官衙(右)・寺院(中央)・祭祀(左)）
西側の弥勒寺西遺跡を丘陵が囲む地形は，入山津，「裳羽服津」の世界をイメージさせる。（岐阜県 2007）

な遺跡群と考えられている。もっと端的に相互の関連性を示唆しているのが，岐阜県関市の国史跡・弥勒寺官衙遺跡群である（第5図）。

　祭祀遺跡の弥勒寺西遺跡は，郡衙・寺院とは山を挟んだ谷部に位置し，両側から小高い丘陵が迫り，入口部が狭まる静謐な空間となっている。調査を担当された田中弘志は，「あたかもローマ時代の円形闘技所のなかにいるような不思議な感覚」と表現する（田中 2008）。

　発掘調査で弥勒寺西遺跡からは，三条の谷筋などが検出され，その谷川からは約1,300点の木製品，200点を超える墨書土器など膨大な量の遺物が発掘された。時期は，8世紀後半から9世紀にあたる。井泉には，曲物や底部を穿孔した甕形土器を埋設して誘水する。また目隠し塀やかがり火跡とか，大形の掘立柱建物跡（弥勒寺の僧房か）が発掘されている。墨書土器には，寺や塔などの寺院関連，人名，地名の関連，吉祥句，習書のほか，「鬼女」「得

女」「稲女」など女性にちなむものが含まれる。このように小高い山中にあって、喧騒から隔絶された静謐な谷空間は、寺経営、鍛冶工房、祭祀空間が渾然一体となっていた。

　わたしはこの空間こそ、「井・津」を囲んだ歌垣の舞台としても利用されていたのでは、とひそかに推測している。まず、人々が集合する寺院や郡衙などの地に隣接している。その半面、周囲から隔絶した円形闘技所のような地勢観は、風土記・万葉に登場する井・津の世界を連想させる。「鬼女」と表現をされた女性は、病や死をもたらす「鬼」を遠ざける女性という仏教的な修辞語であって、親愛をこめて「得女」「稲女」などと渾名された女性たちと一緒に歌垣の場で饗応にあたっていたのであろう。墨書自体、まじないの記号でもあった。目隠し塀やかがり火などの舞台装置も、歌垣の夜の場にはふさわしい。ちなみに身毛氏が本拠とするこの地域には、領内の美泉を汲み、大王家に献上する儀礼に奉仕する水取部が存在し、いかに伝統的な水の祭祀や儀礼に深く関わってきたかがしのばれる（田中 2008）。

　再度、弥勒寺西遺跡を俯瞰する。井泉を真ん中にして両側にのびる丘陵地形は、これぞ「入山津」（後に「不入斗とされる」）地勢の原型といえる。うがった推測をするならば、両側にのびる丘陵は両脚に、そして中央の井泉は「津」にあたろう。官僚歌人・高橋虫麻呂が、「裳羽服津」（美富登）と比喩した筑波山中での歌垣の舞台は、このような原風景であったのであろう。

　わたしが『新編武蔵風土記稿』光福寺の大井の記載を根拠に、現在の東大井4、5丁目を起点とする洪積台地上に想定できる古代の大井駅家や荏原郡衙、あるいは関連寺院をめざして東海道を旅した理由が、いくらかでもお汲み取りいただければ幸いである。

引用参考文献

大田区教育委員会 1993『考古学から見た大田区』

河合英夫・舘弘子『東京都大田区山王一丁目6番地所在遺跡発掘調査報告書』玉川文化財研究所

岐阜県関市 2007『国指定史跡　弥勒寺官衙遺跡群』

小松真一 1923『大井町誌』大井町誌編纂刊行会
五来　重 1994『日本人の死生観』　角川書店
坂詰秀一 1973『品川区史』通史編
西郷信綱 2008『古代人と死』平凡社ライブラリー6　平凡社
高橋賢治 1995「古代の武蔵国荏原郡における東海道駅路と大井駅について」『品川区歴史館紀要』第10号
瀧音能之 1994「交流する民衆」『月刊歴史手帳』22巻6号
辰巳和弘 2002『古墳の思想―象徴のアルケオロジー―』　白水社
田中弘志 2008『律令体制を支えた地方官衙―弥勒寺遺跡群』遺跡を学ぶ46　新泉社
東京都教育委員会 2001『道路遺構等確認調査報告』
戸田哲也・河合英夫ほか 2005『千年伊勢山台遺跡 ―第1～8次発掘調査報告書―』川崎市教育委員会
福田　良 1999『東京都大田区十二天遺跡発掘調査報告書』十二天遺跡発掘調査団
藤　則雄 2006「砂丘の形成と寺家遺跡」シンポジウム古代寺家遺跡のナゾをさぐる
村田文夫 2010『川崎・たちばなの古代史』有隣新書68　有隣堂

その後の見聞録

　平成22年5月，野本孝明のご高論「荏原郡衙について」『東京考古』28，東京考古談話会が発表されていた。奥付から判断すれば，わたしが執筆した有隣新書より半年前に刊行されていたことになる。奥付どおりの刊行であれば，心よりお詫び申し上げたい。
　野本の所論は多岐にわたるので，ここでは大井駅家と荏原郡衙に関連する部分の見解を簡明に紹介する。
　小高駅家を出立してからの東海道筋の復元は，わたしを含む先人の説をほぼ踏襲し，丸子から多摩川を船で渡り，旧中原海道沿いを洗足池へと進み，そこから東に折れて現在の大井町の方向（大井駅家）に至る。野本はさらに伝路の道筋を復元された。それは多摩川を渡った沼部付近から鵜ノ木・久ヶ

第8章 まぼろしの大井駅家をめざして小高駅家を出立する 171

原の台地際を南東行し，池上本門寺のある丘陵に設営された荏原郡衙を経由して大井駅家に至るというもの。郡衙に対応する郡寺については，池上本門寺境内を挙げ，本門寺の慶長五重塔の下の版築は，古代・荏原郡寺の五重塔を再利用したとする。これらを間接的に裏付ける資料として，「馬込」・「市（一）の倉」などの地名や，古代の火葬骨蔵器などの歴史的環境にも言及される。駅家と郡衙・郡寺を一体的に想定したわたしの見解とは異にしているが，誰よりもこの地域の考古資料に精通した第一人者の所説であるだけに，十分傾聴に値する。

　都市化が完璧に進んだ都心部で，広域な範囲に及ぶ駅家や郡衙・郡寺，あるいは東海道の道跡などを特定することが容易でないことは，十分すぎるほど承知している。今後は，行政機関や考古学関係者が，大から小に至るまでの開発行為に，どこまで真剣に目を光らせられるかに掛かっている。経験則からすれば，ささいな手掛かりからでも解明の糸口は確実に広がる。もちろん，橘樹郡衙周辺の歴史的な解明でも事情はまったく同じである。

あとがき
―― 宴のあとのひとり旅 ――

　いまから10年まえの平成15年3月10日にわたしは60歳の還暦を迎え，川崎市（教育委員会）を定年退職しました。40年近い公務員生活は，先輩の上司や多くの同僚・後輩に支えられて大過なく過ごせ，心から感謝の気持ちを抱きました。また職務内容と深く関わってはいましたが，個人的には学生時代から興味を持っていた考古学への関心も継続することができました。これは（故）久保常晴先生・坂詰秀一先生・渡辺誠先生・関俊彦先生らの御教導と，諸先生をとおして知遇を得た多くの仲間からの厳しい叱咤・激励の賜物と感謝しております。平成14年5月には，先生・友人らが多く集って大冊『地域考古学の展望』を還暦記念論文集として編んでいただきました。これには感動いたしました。

　このように59歳であった1年間は，多く機会をとおして宴が開かれ，その都度美味しいお酒をたくさん飲ませていただきました。しかし宴の酒の酔いから醒めると，あとは誰もがたどる定年後のひとり旅でした。勿論，覚悟をしておりました。さいわい考古学をとおして知遇を得てきた研究者の仲間とは，これまでどおりの御厚誼をいただき，またかつての職場の仲間ともひきつづき楽しい交友をつづけることができました。そして平成17年5月には，思いもしなかった藤森栄一賞を受賞しました。若い頃からの大ファンであった藤森先生のお名前を冠した賞であるだけに，心底感激しました。

　そうこうしているうちに10年の歳月が瞬く間に流れ，とうとう古稀になりました。この10年間，さいわい健康にも恵まれ，誘われると興味の赴くままに考古学にちなむ雑文を書きとめてきました。古稀にあわせてそれらの中の幾つかを編集して，一区切りしようと思っておりましたところ，さいわい㈱六一書房の八木環一会長の御理解・御尽力を得ることができ，8章の構成からなる本冊子を刊行することになりました。

内容的には，時代も地域性にも明確な統一性がなく，また集落論，墓・祭祀論，生業論などが混在する，料理でいえばいわば"ごった煮"の状態ですが，これは一定の地域の考古遺跡に親しんできた者がたどる必然の軌跡であって，地域考古学へのこだわりは，一地方の公務員として生きてきた者の矜持でもあります。

とはいえ，あらためて読み返してみると，自分の考古学に一本の太い骨，すなわち歴史観とか理念が希薄であって，それを恥じいる気持ちは一人(ひとしお)であります。ただ加齢するにしたがい，遺跡を舞台に生きてきた古代人の息吹を自分も共感したい，あるいは遺跡にのこされた遺構・遺物にもっともっと歴史を語ってほしいという思いが深まってきました。このような思考回路が，仮に厳正な学問的な解析から遠のいたとしても，地域考古学に拘泥する軌跡の延長であると自分には言い聞かせています。

拙い一書でありますが，読まれた方の心に少しでものこるフレーズが見出せて，そこから地域考古学へむけた関心の扉が開いていただけたら幸いです。

＊　　　　　　　　　　　　　　　＊

初出論文は以下のとおりで，それに必要な範囲で加・除筆をし，また図版・写真などを追加しています。文中に引用した研究者の御名前は敬称を省略させていただきました。また各論文の執筆時には多くの方より，資料・文献の提供を受けたほか貴重な御教唆をいただき，それらの方々の御名前を文末に挙げておりましたが，それも本書では省略させていただきました。関係者には何卒御諒解を賜りたく御願いを申し上げます。

表紙の写真では，写真家・小池汪氏（日本写真家協会会員）のご協力を得ることができました。

第1章　「埼玉県上福岡遺跡のD地点竪穴住居跡考—縄文前期拡張住居跡の再検証—」『考古学の深層』　瓦吹堅先生還暦記念論文集刊行会　2007年

第2章　「柄鏡形住居址の意義」『川崎市宮前区初山遺跡発掘調査報告書』　川崎市教育委員会　2007年

第 3 章　「東京都八王子市小田野遺跡の縄文集落復元への一試論―SI08・SI10 遺構を中心に―」『栴檀林の考古学』　大竹憲治先生還暦記念論文集刊行会　2011 年

第 4 章　「弥生時代竪穴住居に据えられた五平（状）柱―調査・研究の現状から学ぶ―」『長野県考古学会誌』131・132 合併号　長野県考古学会　2010 年

第 5 章　「古墳研究をめぐる定点考・三題」『史峰』第 39 号　新進考古学同人会　2011 年

第 6 章　今回書き下ろし。ただし基本となった論文は以下による。
　「川崎市多摩区早野横穴古墳線刻画の一考察」（三輪修三と共著）『三浦古文化』第 18 号　三浦古文化研究会　1975 年。「東京都町田市三輪町・西谷戸横穴墓の線刻画考―5 号横穴墓の人物画を中心にして―」『多摩考古』第 42 号　多摩考古学研究会　2012 年。「神奈川県・王禅寺白山横穴墓線刻画考」『列島の考古学』　渡辺誠先生還暦記念論文集刊行会　1988 年

第 7 章　「多摩川下流域律令期における生業基盤への一視角―磐城郡白田郷に関する御高論にふれて―」『いわき地方史研究』第 46 号　いわき地方史研究会　2009 年

第 8 章　「まぼろしの大井駅家・荏原郡衙へ旅立つ」『川崎・たちばなの古代史―寺院・郡衙・古墳から探る―』有隣新書 68　有隣堂　2010 年

　　　　　　　　　　＊　　　　　　　　　　＊

　70 歳・古稀（古来稀なり）とはいうものの，80 歳代の御高齢者が元気に闊歩される姿をみていると，あまりにも相応しくなく，「古代（では）稀なり」の意味ではないかとさえ錯覚させられます。かくいうわたしも，平穏な毎日を過ごしております。が，気力・体力・知力のうち，体力・知力の衰えは日々確実に自覚せざるを得なくなっております。その一方，もう少し考古学を楽しみたい，という気力だけはまだ幾分のこされているようです。体力・知力の事情がゆるせば，いましばらく"考古の森"の逍遥を楽しみたいものと思っております。

著者略歴
村田　文夫（むらた　ふみお）
　1943 年 3 月　神奈川県川崎市に生まれる。
　1965 年 3 月　立正大学文学部史学科卒業。
　1965 年 4 月　川崎市役所に就職する。
　　　　　　　　教育委員会に配属され，文化財の調査・保護や博物館行政を担当する。
　　　　　　　　この間，立正大学・日本大学で非常勤講師を勤める。
　2003 年 3 月　川崎市役所を定年退職する。
　2005 年 6 月　第 30 回藤森栄一賞を受賞する。
　現　　在　　かわさき市民アカデミー副学長
　　　　　　　日本考古学協会会員

主要な著書
『縄文集落』（考古学ライブラリー 36）ニューサイエンス社，1985
『古代の南武蔵』（有隣新書 45）有隣堂，1993
『縄文のムラと住まい』慶友社，2006
『川崎・たちばなの古代史』（有隣新書 68）有隣堂，2010
など。

関東の古代遺跡逍遥

2013 年 3 月 25 日　初版発行

著　　者　村　田　文　夫
発　行　者　八　木　環　一
発　行　所　株式会社 六一書房　　http://www.book61.co.jp
　　　　　　〒101-0051　東京都千代田区神田神保町 2-2-22
　　　　　　電話 03-5213-6161　FAX 03-5213-6160　振替 00160-7-35346
印刷・製本　株式会社 三陽社

ISBN 978-4-86445-029-4 C1021　　©Fumio Murata 2013　　Printed in Japan